初冬，是野雏菊的春天。
而我们，是彼此的阳光。

我们，是被留在乡间的"野孩子"。
田野，是我们成长的背景。
奔跑、跳跃、欢呼，
也有，跌跌撞撞，摔倒又爬起的眼泪。
在这幅巨大的画布上，我们肆意涂抹。

一年开始,一年又结束。
一年,又一年。
日升月落,我们相依伴。
有一天,我将目送他们,离开校园,去往远方。
如同,他们一次次,目送爸爸妈妈的离开。

有时候,我们忘记了孤单。
想念只在深不可测的心底。
彼此挂念,独自生活。
夕阳的余晖里,我努力扬起笑脸。
我看到许许多多重叠的影子。
有我,也有你。

红砖也是玩具

野地里的狗尾草

家访路上

老师，我们向你挑战

跳绳

和小狗做伴

一天二十年

顶开卷闸门

在家学习

太奶奶自己烘制的茶叶

家门前

照管孙辈的爷爷奶奶

洗衣服

露天洗头

天二十年

小组交流

实验课

阅读时间

手工制作：飞机模型

冯灿梅 / 著

一天二十年

我与
留守学生的
二十年

文化发展出版社
Cultural Development Press

图书在版编目(CIP)数据

一天二十年：我与留守学生的二十年/冯灿梅著.—北京：文化发展出版社，2020.8

ISBN 978－7－5142－3024－6

Ⅰ.①一…Ⅱ.①冯…Ⅲ.①农村－儿童教育－研究－中国Ⅳ.①G62

中国版本图书馆CIP数据核字(2020)第112405号

一天二十年：我与留守学生的二十年
YI TIAN ERSHI NIAN：WO YU LIUSHOU XUESHENG DE ERSHI NIAN

冯灿梅　著

出 版 人：武　赫
策　　划：盛世肯特
责任编辑：孙　烨　　肖贵平
责任校对：岳智勇
责任印制：杨　骏
封面设计：郭　阳
排版设计：辰征·文化

出版发行：文化发展出版社（北京市翠微路2号　邮编：100036）
网　　址：www.wenhuafazhan.com
经　　销：各地新华书店
印　　刷：嘉业印刷（天津）有限公司
开　　本：889mm×1194mm　1/32
字　　数：230千字
印　　张：17
版　　次：2020年8月第1版　2020年8月第1次印刷
定　　价：49.80元
ＩＳＢＮ：978－7－5142－3024－6

◆ 如发现任何质量问题请与我社发行部联系。发行部电话：010-88275710

引言

散落在田野山坳的中小学校，23年了，我与孩子们在一起。

我在县城出生和长大。我奋力奔跑，想去往精彩纷呈的另一个世界。我没有想过，有一天，被无声的风吹到了这静默无语，却又无时无刻不在表达着的河流、山峦之中，吹到这乡村稀疏的房舍，寂寥的道路与朴素的学校间，与我的留守学生们共同沐浴着阳光，也经历着寒冬里的阵痛……

我无法用言语表述出，这片土地和这片土地上的留守学生对我情感的羁绊。

做乡村教育，已23年，从这所学校到另一所学校，从小学到初中，再回到小学，我是孩子们的班主任、任课老师，看着他们走进校园，走进课堂，又看着他们带着憧憬与彷徨走出学校，走出我的视野……我的学生大部分都是留守学生，父母一方或双方常年不在家，于孩子们来说，我是教育者，同时，还是陪伴者、观察者。

原野在晨曦的露水中闪着光，上课铃声响了又响："上课时间到了，请同学们回到教室，准备上课。"

——我和我的留守学生们，我们的每一天都是如此，但每一天都有不一样的事情发生。

缺席者

——评冯灿梅作品《一天二十年》

唐朝晖

1

在今天，教师和家长的关系，略同于医生与患者家属的关系。学校和医院，同样受到一些家长和众多患者家属的诸多责难和质疑。在如此复杂的体系里，有另一种关系在发酵中闪耀着纯净的力量，这种独特的力量摈弃了常规的判断和成年人的理性思维模式，这就是小学生群体。这些学校里的孩子与医院里的患者截然不同，可以这样说——因为这些孩子，让学校在今天依旧散发着动人的光芒。小学生们是一个刚刚睁开眼睛，开始与社会发生关系的群体，小学生们怯怯的目光里，有一种纯而至坚的希望在，与圣贤说的"无欲则刚"近乎同一道理。

小学生们也像一位第一次游泳的人，体会着水在身体表面微微震颤所产生出来的惊异，感受着水和身体两者相互接受的程度。当然，很多小学生对一些事情做出的反应，也携带着家里人的气息，与家人面对世间的态度形似。小学生，也是另一种生物——善于模仿，善于从成人世界的另一面看到问题的缘起和消失。

2

冯灿梅与学生的密切关系，让我改变了对学校的看法。不久前，冯灿梅发了一条她拍摄的短视频：凌晨，天没大亮，她和另一位老师带着寄宿学生们，在乡村的一条路上晨跑，我想到了战士们的拉练和急行军。晨曦微露，植物繁盛，第一个出现在镜头里的是一位个子稍微高点的男同学，一个同学紧接着一个同学，队伍紧凑，没半点的稀拉和怠慢感，学生们真的做到了严肃而活泼。

冯灿梅和学生们相处的方式也稍微有些特殊。她写过一篇文章。下午放学，她与寄宿的一位学生打乒乓球，几分钟后，同学们排起了长队，要与冯灿梅过招，想与老师打球，也想打赢球，这些都是学生们的真实想法。冯灿梅不会让孩子们失望，她还不断地给学生打气助力。

第二天上午，一位走读的学生到老师办公室，说："冯老师，您偏心，您昨天与寄宿学生们打球了，听说您的球打得特别好，我要挑战您。"

冯灿梅接下了战书，中午课间休息如约来到球台，她发现走读的学生们在那位挑战者的后面排着队，等着与老师打球、对决。

冯灿梅爱好运动，学过体育教育，但她从懵懂少年开始，就热爱文学。她有写日记的习惯。从适应乡村生活，与农村里的学生们接触不到一年，她就发现了这个学生群体的特殊性和不断的变化性。

尤其是近十五年来，她的学生，大部分是留守学生，与爷爷奶奶或外公外婆生活在一起，还有与姨婆婆之类的亲人在一起居住，对于这些孩子，生活上谈不上被照顾，就是吃饱了、穿暖了。学生们的绝大部分父母，都在外地工作，一年能回家一次已经很不错了。

冯灿梅与学生们在一起二十多年，从2007年开始，学校应允了家长们多年的要求，相当数量的留守学生终于可以寄宿在学校了，每位老师每周要值一个晚班陪寄宿学生。

冯灿梅的日记一天天在增厚，记录的都是与孩子们相关的事情。后来，她发现日记本里，写学校留守儿童生活的比重越来越多，这些孩子们的变化，发生的故事，比平常孩子要多，也成为冯灿梅关注的重点，她更多的是一种揪心和担心。冯灿梅不自觉地把更多的文字落在这些留守学生们身上。

冯灿梅教的学生，各个年级的都有，大部分是小学一年级到五年级，农村里的初中生也教过几年。这些年里，她发现日记里很多原本零碎的故事，在几个月或一年之后，甚至跨越三五年后，会不断地产生下文。好像电视连续剧一样，会出现各种意想不到的转机，很多想不到的事情持续发生着。出现在冯灿梅面前的是一个个留守儿童的成长轨迹，在这些轨迹中，各种事情如礁石露出水面，时间把事件一点点连接起来。

在冯灿梅的文章里，我时刻感受着那种母亲对孩子的爱，对孩子成长的好奇心，与孩子的各种用心相处，她——不仅仅是一位老师。

没父母在身边，孩子们把本属于与父母的交流，给了他们的冯老师，留守学生们用各种方式把冯老师当成母亲来依靠。

3

那位留守学生为什么不喜欢说话？她为什么每次都是父亲接送？这位留守学生有了手表电话之后开心了很多，她告诉冯灿梅，手表是妈妈买的，妈妈说很想她，年底妈妈会来看她。三年里，冯灿梅只见过这位留守学生的母亲三次。孩子说，我读四年级了，也只看见过母亲三次。

冯灿梅大量地记录着留守学生与同学们之间的关系，与各种老师的关系；记录着留守学生与父母的关系；记录着留守学生与陪伴者的关系。这些关系，构成了留守学生的世界，冯灿梅把关系梳理出来，给社会提供了一份生动的留守学生档案。

曾经，我们只知道一些留守学生的数据。学者和专家，或者说作家们的调查，也只能是一天、十天、一百天，亦或三五年，但冯灿梅身居其中二十年，她每天与这些留守学生在一起，她们的关系不是建立在调查对象的基础上，冯灿梅和留守学生之间有一种相互的爱，融合的信任，以及依恋。

孩子的爱与成人不一样，孩子们更能感受到，爱的方向！

4

无论是留守学生还是社会中的人，对于很多事情的判断，首先的反应是：有什么用？功效是什么？明天可以把学生的分数提上来吗？

对于这些常态性的短浅目光和肤浅的质疑——无从解释。

但冯灿梅坚持在自己的班上，做一些看起来没直接功效的事情。冯灿梅让孩子们轮流来读一些经典的文学名著；表演一些即兴的话剧；安排各种读书时间和读书会。这些好像占用了学生们的学习时间，但这些却是人赖以生存的土壤所必须的肥料，亦如种子，种在孩子们的心里，一定会滋养着他们日后的生活。只有富足的土地，才能长出各种不同的繁盛的植物。

冯灿梅经常带孩子们到田地里去感受花的香味，感受稻谷四季的变化，感受每个人的身心在这种种变化中产生的种种微妙体会。

留守学生的情况，涉及了学校的教育、父母长辈的伦理道德，及未来世界的和平安康等问题。留守儿童的问题于今天显得更加重要。因为父母离异、家庭重组，已经成为社会常态。同父同母、异父异母、同父异母的留守学生的社会关系复杂，对于这些本来已经受到伤害的孩子们，父母陪伴的缺席，不亚于哲学范畴里神的不在场。

我们需要留守学生的第一手资料，更加需要听到留守学生的心里话，看到留守学生的心灵映像，知道留守学生们在想什么！

留守学生真的习惯了与爷爷奶奶在一起的生活？

留守学生真的不开心再与父母生活在一起？

为了给孩子一个更好的生活环境！为了这个家！为了以后生活好点！为了供孩子读大学！——出门在外的父母的这些回答——理由成立吗？

留守学生的父母，离家出门在外的背后是什么？

留守学生不圆满人生的开始，影响到底有多深？

有多少人，真正地与留守学生共情共义？

冯灿梅把留守学生们的一些线索拉出来，把留守学生们的生活直接展现，让我们在阅读中知道，身为父亲、母亲、爷爷、奶奶，身为一位社会人，应该为这些留守学生做些什么，也让我们知道，我们——应该怎么去做。

我相信通过冯灿梅这位乡村女教师的社会学式的非虚构文学作品，能够让我们看到留守学生们的一些单纯想法，以及社会该有的反思。

目 录

晨读 /1

一天从老师开始。
留守学生和老师的关系。

小小"按摩师" /1
学前班的课堂 /4
爱臭美的妈妈 /7
送韭菜花给老师的刘川 /10
他不是爱上你了吧？/14
妈妈，节日快乐！/18
冬游 /23

课间十分钟 /26

下课铃："下课时间到了，老师你们辛苦了。"
留守学生家长和老师的关系。

家长微信群 /26
妈妈来学校 /29
奶奶的心意 /32

语文课 /38

父母远离，父母不在家。
留守学生和爷爷奶奶的关系。

接送孙女的爷爷 /38

生病 /41
爷爷比妈妈凶 /44
田野失足 /47
你不得到学堂里困吧？ /51

数学课 /58
"寄"在别人家、转回家来读书……
留守学生在不同的生活状态下与各种人的关系。

被"寄"的王磊 /58
从外地转回来的大男孩 /61
想当隐形人的孩子 /65
分作三处的小家 /69
爸爸妈妈要来接我 /72

大课间 /75
短短半小时的阳光体育活动，有如父母回家的时间。
留守学生与父母的关系。

国庆节，妈妈带我上街玩去了 /75
妈妈今天出去 /78
还是上学好 /82
受伤 /87

音乐课 /90
不同的旋律，不同的生活状态。
留守学生在学校和家里的两种关系。

熬一熬，就会好 /90
爷爷也不在家的时候 /93
挨批 /97
挨了罚的葛心 /103

新学期报到 /109

美术课 /112
留守学生的情感画板上，涂抹父母远离的色彩。
留守学生与父母的关系。

回馈 /112
六一前后 /115

体育课 /119
更多自由的奔跑。
留守学生与自己的关系。

冬的生命 /119
家乡的景物 /122
电话手表背后的故事 /124

科学课 /129
变化才是永恒不变的主题。
留守学生与家庭不和的父母的关系。

吃药 /129
两个妈妈 /133
朱宇强 /137
许家姐弟 /147
昀如 /159

放学后 /183
随学生回家，社会与孩子们的对话。
留守学生与家里人、留守家庭与社会的关系。

散落大山盆地的人家 /183

春天，走在迷宫一样的山道上 /188
放心吃，放心吃 /194
阳光洒进了黑洞洞的房间 /198
只有小狗做伴的女孩 /205
家，在冲坳里 /212
离开时，暴雨如注 /217
枇杷黄了 /226

晚课 /235

寄宿在学校，夜晚来临。
留守学生不能回家，留守学生与夜晚的关系。

想家 /235
有个男孩放声大哭 /240
请假 /243
老师，昨晚我没有哭 /247

后　　记 /250

小小「按摩师」

　　围墙上方的半空，缓缓旋转着一道七彩光圈，那是阳光在水蒸气中的影子。

　　连日霏霏淫雨裹来的潮湿阴冷，在突如其来的爽朗的阳光中节节败退，最后不得不隐匿到房屋和楼道背阴的旮旯里。深秋的阳光，像峰顶融化的雪水倾泻，铺满校园。

　　宿舍楼前，几棵高大的玉兰树稀疏了阳光，落下一地斑驳。考完语文，我搬了桌椅，到外面批改试卷。正伏首疾书间，突然，一双小小的、柔软的手悄无声息地攀上了我的背，继而，像小棒槌敲响鼓点，轻轻捶打起来。我抬头往后一瞧，学前班叫曾家纯的小男孩扬着头，响亮地说：

　　"老师，我给你捶背！"

　　曾家纯长得虎头虎脑，柔嫩的脸蛋上一层纤细的绒毛微微颤动着，眼睛如同此刻天空中悬挂的太阳，闪烁着希冀与自豪的光芒。

　　一丝温暖浮上心头，我回应了一句"好啊"，将笔一扔，试卷一推，配合他坐直了身体，接着又眯上眼睛露出享受的神情，满足地嘘了口气："老师觉得好幸福啊！"

旁边围观的孩子们纷纷靠拢过来。动作最快的是曾子涵，他踮着脚、伸长胳膊，细嫩的手指叉开着放到我脑袋两侧的太阳穴上，依顺时针方向轻轻按揉起来，我惊讶于他的"专业"，男孩得意地告诉我，动画片《熊出没》里，猴子就是这样给光头强按摩的；又有一双更纤细、柔软的女孩的手，搭上我的胳膊，捏动起来，仿佛小天鹅踏着欢快的舞步……

　　阳光从玉兰树繁茂的枝叶空隙间穿过，温暖地包围着一群五六岁的孩子和被孩子们簇拥在中间的老师。叽叽喳喳似鸟鸣的清脆童音，随轻风在校园里荡漾。

　　我微闭双眼，感受他们并没有力度的捶捏按揉，心底却浸润出一片春草般的柔软。

　　一边捶着，曾家纯一边将脑袋伸过我的肩膀，问：

　　"老师，舒服吗？"

　　"好舒服，谢谢小朋友们！"我点着头，片刻后问，"你们为什么要给老师按摩呢？"

　　孩子们睁大眼瞧我，定定的，眼神纯净无辜。声音停止了，动作也停止了。

　　我的问题把他们难住了。

　　是啊，为什么呢？

　　我在房间备课或批改作业时，常有小脑袋探进来；我在操场楼道与他们相遇时，他们会毫不含蓄地高扬着声音放声喊："冯——老——师"。

　　闲暇时他们会神秘地和我分享心中的秘密。于是，我知道了，谁的爸爸妈妈在广东，谁的爸爸妈妈在长沙；哪个小朋友和爷爷奶奶睡，哪个小朋友自己睡……

孩子对父母有天生的孺慕之情，但他们的父母在遥远的异乡，或为生存，或为更好的物质条件而打拼，一年难回几次家。

他们有意无意地绕着我转，或许，在潜意识里，孩子们觉得，我流露出的笑，像是妈妈的笑。

晨读

学前班的课堂

  一场秋雨一场寒，从北方南下的冷空气一天比一天强，空旷的操场上，寒风裹挟着雨丝，扭转着、旋飞着，地面上，湿漉漉地闪着亮光。

  校门旁几棵树龄不长的桂花树在连续几场冷雨的凌虐下，更加显出几分伶仃萧瑟，然而，叶片却被雨水冲洗得越发黛绿发亮。

  我沿着教学楼一楼的走廊朝东头学前班教室走，身体尽量靠里，头的上方，是楼道没能挡住的斜飞的雨丝，一层一层，不疾不徐，浸湿了走廊的地面。

  一群孩子团团拥堵在走廊尽头的教室门口，像麻雀一样叽叽喳喳地叫唤。隔得老远，看见我朝他们走过去，他们口中发出的音符便迅速统一起来，整齐而富有节奏地喊着："冯老师——来了！冯老师——来了！"循环了几次，像是完成了某项神圣的任务，你推我搡急匆匆往教室里跑去。

  我刚踏进教室，还没来得及打量教室里的情形，曾家纯就像皮球一般从一张松木矮桌后冲出，又一个急刹车在我跟前站住。他将手臂一伸，小拳头展开来，一颗方方正正的糖安静地躺在手心，"老师，给！"他扬着的脸认真严肃，仿佛是在献出他最宝贵的礼物。

  小男孩儿并没有咧嘴笑，但神情中却有一抹无形的暖意，那是因为他紧抿嘴唇时右脸颊露出的一个深深的酒窝带来的。脸颊上方，明亮的双眸闪耀着深山泉水般纯净的希冀。他穿一件深蓝色的棉袄，这种深沉、压抑的色彩没能掩盖住他身上的光亮，反而映衬出男孩红润的脸蛋更加生气腾腾。

他希望我能接受他献给我的糖果。

孩子浑身上下散发的热情有一股神奇的力量，仿佛一股清新的风，吹散了工作琐事带给我的烦闷。

我微微一笑，伸出手，他将小手一翻，整个拳头都落在我的掌心，糖果也随之落下。我刚要说"谢谢"，又有一个男孩冲过来，塞给我一颗同样的糖，然后，第三个、第四个……我的前后左右围满了热情澎湃的孩子。当我接过他们送来的"礼物"，孩子们就兴奋得像一只只小兔子蹦过来、跳过去，看看我、看看他们旁边的另一个孩子，或者谁也不看，只是自顾自地"咯咯"笑起来。

这是一种只有孩童才拥有的单纯的快乐。

这快乐具有强大的感染力与净化功能，它能冲走一个成年人面对工作与生活时所有庸碌的忧恼——我的笑意更深了，由着他们把我的心灵牵引到童年。

因为我的笑，这群穿着厚实冬衣像小熊一般圆滚滚的孩子们更欢乐了，一个个前俯后仰、乐不可支。

我在学前班一周两节课，讲健康知识。

欢声笑语后，孩子们情绪高涨，上课效率倍增，坐得一个比一个端正，小手一只比一只举得高。内容很快就讲完了，离下课还剩十来分钟，我让他们在教室里自由活动：玩儿玩具、翻图书，也有性格安静的孩子拿水彩笔画汽车、画房子、画爸爸妈妈一左一右牵着自己的小手，还有几个把小脑袋凑在一起，你一言我一语，像小大人一般交谈的……

我坐在讲台前的椅子上看着他们。

教室的门窗都关着，风、雨、清寒的冷空气都被阻挡在外面。一个孩子朝我走过来，手里拿着一辆红色玩具小汽车。哪怕是作为玩具汽车，它也是微型的，比一块橡皮擦大不了多少。孩子献宝似的对我说："喏，小汽车。"我接过来，把小汽车摁在地面往后一拖，车轮往后旋转，手一松，小汽车便猛地往前冲去……很快，更多的孩子凑了过来——这个拿着蓝色的一只手便可握住的变形金刚，那个拿着一张五角钱的纸币神气地晃啊晃……不到一分钟，我身边又围了一圈孩子，他们向我展示从家里带来或从商店买来的零食、玩具。

有几个孩子握着一根从外表看起来像打火机的管状物体，告诉我里面装的是饮料，酸酸甜甜的很好喝。其中一个男孩张大嘴巴，固定成发拼音字母"a"的嘴型，示意我学他的样子，他要喷给我尝尝。

我偏头躲闪："好像打火机啊，我不喝。"

"不是打火机！不是打火机！"除了男孩子，女孩子也加入进来，大家纷纷向我辩解。

像打火机的喷剂离我更近了，搭在小开关上的肉嘟嘟的手指头好像随时会摁下来。我赶紧用手挡住脸，又探出头再看看，说："像手枪！我觉得像手枪！"

这下可好，他们把身体移得离我更近了，上半身倾斜过来，简直要俯冲到我身上，一面拨开我挡在前面的手，一面将喷剂伸到我的嘴唇前。

"不是手枪，不是手枪，是饮料！"

"很好喝哦，酸酸的哦。"

……

天哪，这是什么架势！好吧，我无奈地张开嘴，指指其中一个孩子，说："你来。"

他的手往下用力摁了一下，瓶里的液体像水雾一样喷在我的嘴角。孩子们露出心满意足的笑容，四散开去了。

心理学研究表明，12岁前的孩子，最需要感受到母爱的关怀。

爱臭美的妈妈

操场上不时传来孩子们铃铛般的笑声，零碎的、隐约的，在校园里飘荡。

我从后操场穿过，学前班三个小女孩向我跑过来。

她们在离我不到一步远的地方停下，小手高高举起，五指张开，天真地问："冯老师，好不好看？"

每只小手都有一个指甲红红亮亮的，不均匀地涂抹着指甲油，散发出一股颇为刺鼻的气味。

她们咯咯地笑着，神情里透露出小女孩偷用妈妈化妆品的兴奋。

"是我妈妈让我买的哦，她昨天打电话回家了，让我在商店买的。"圆脸、齐耳头发的女孩，得意地向我展示她手中一个小小的绯红的指甲油瓶。

我可以想象出她所说的"商店"。通常，村里人口集中、靠近公路的地方会开设几个小卖部，里面杂乱地摆满各种从批发市场进来的廉价商品。我不明白孩子的妈妈怎么会让稚嫩如幼苗的女儿去买这种极可能有毒性、对身体有危害的劣质指甲油。

孩子们误解了我疑惑的神情，其中一个女孩，名叫刘依婷的，一脸神秘，身子朝我靠拢过来，压低声音说："因为妈妈——"她故意拖长尾音，卖个关

子停顿一下,才揭晓答案:

"爱臭美哦!"

三个女孩一齐放声大笑起来,并且响亮地宣称:

"我们也爱臭美!"

"冯老师,你爱臭美吗?"

一时间,她们对"爱臭美"几个字兴致盎然,并且将注意力转移到我身上,开始就我的装扮进行细细品评,以我是否也"爱臭美"展开了热烈的讨论。

"冯老师戴了耳环。"

"戴了手链。"

"咦,上回戴的戒指哪里去了?"

"头发弯弯的。"

……

"冯老师也爱臭美!"

"哈哈,冯老师也爱臭美!"

这个结论令她们欢呼雀跃。

我没有太多时间参与三个女孩的新鲜游戏,一位新调来的老师下节课要借用我当班主任的二年级上一堂公开课,我需要去准备和安排相关事项。

女孩们却一路尾随我而来。

她们守在我既当寝室又办公的房间门口,不言不语,目光随着我的动作上下左右地移动。校园恢复了安静。半晌,斜倚着门框的刘依婷,往房间内挪了挪脚步,小手扒着书桌的边沿,露出半截扎着马尾的脑袋,轻轻地说:"冯老师,我想给你做恴。"

不到6岁的孩子,稚嫩的声音里,有隐隐的期盼。我手里的动作停止了,我把目光转向她，转向这三个"爱臭美"的女孩。

温和的阳光从她们背后的玉兰树枝叶缝隙间洒落，在孩子们的背后晕染出一圈柔和的、温暖的光辉。我不忍心再说"去玩吧，冯老师现在很忙。"而将她们从我身边驱离。

"爱臭美"——妈妈爱臭美，冯老师也爱臭美；妈妈不在家，就让冯老师当我们的妈妈吧！——这是不是孩子们简单的逻辑？

晨读 | 送韭菜花给老师的刘川

刘川长得粉嘟嘟的，生起气来都是眉眼弯弯，含着一丝并不代表开心的笑意，让人忍不住想去逗弄他两句。他正在读一年级，是个说话嗲声嗲气的小男生，和双胞胎姐姐刘源一块儿在学校寄宿。双胞胎姐弟俩上面还有一个姐姐，已经读初中了。三个孩子要读书，爷爷奶奶又年老体弱，要到外地去打工赚钱的爸爸妈妈只好把几个孩子，包括年纪尚幼的刘川、刘源，通通放到学校寄宿。

说是寄宿，但一、二年级几个放在学校的孩子并不需要遵守寄宿生的规章制度。其他寄宿生在下午放学后还有两节课，分别是写作业和体育活动；晚上又有两节课，阅读或看电影。最早，刘川、刘源以及二年级的儒心，被家长单独托付给一年级的班主任邓老师照管，第五节课后，他们在邓老师的房间写作业，然后到宿舍前的树荫下做游戏、分享从家里带来的零食。

我的寝室在宿舍楼梯口的西侧，和邓老师的房间隔着楼道相邻。有时，我在房间备课、批改作业，偶尔抬头，会瞥到这三个孩子头挨头挤在一块儿，小脑袋堆里时不时传出几声童言稚语，十分悦耳动听。我便放下手头的事情，饶有兴致地听着、看着，树荫筛下的阳光呈现出琥珀一般的透明，斑斑点点落在孩子们粉嫩的脸上、简朴的衣服上。他们有时亲亲密密地挤在一起，互相触碰着脑袋，牵着手，挽着胳膊，有时又冒出某一个拉长着脸、噘着嘴，闹点小脾气。闹别扭的多数是弟弟刘川，这时候，姐姐刘源并不理睬这个比自己小不了几分钟的爱生气的弟弟，她也撇过脸，一个人沉闷起来。倒是二年级的比他们大不过一岁的小姐姐儒心，低声细语地哄慰刘川几句，男孩便很快破涕为笑，忘记了刚才为的什么事情不开心。

我看得有趣，经常会唤他们过来，给他们一点饼干、糖果之类的零食。三个孩子会欢欢喜喜地接了，说："谢谢老师。"儒心是温柔有礼地道谢；刘源是腼腆到有些木讷的唇形活动；而刘川，会用最灿烂的笑容、最清脆的声音来表示他的兴高采烈。

天气晴朗的傍晚，邓老师会带着他们仨到校外去散步。

这天晚饭后，他们走在校外几条铺陈在山坡旁、田野间通往不同方向的水泥小径当中的一条上。西边天空的太阳已经沉没，但是太阳滑落的云层里还勾勒着金色的光圈，照亮了路边的一块韭菜地。韭菜开着白色的小花，花朵微颤，在地里咬着耳朵，细声交谈，唯恐打破暮色的宁静。

刘川被韭菜花扯住了裤腿，他的脚步迟缓下来。他望着那些像小星星一样在慢慢黯淡的天色里闪耀着光芒的小花，想起了冯老师。冯老师是爱花的。

他经过冯老师的房间时，经常会在窗台上看到一簇跳动的火焰，有时，是明亮的黄；有时，是温柔的紫；有时，是鲜艳的红……都是冯老师从野地里采摘回去、插在瓶里的花朵。美丽的花朵吸引着刘川和其他孩子们，他们踮着脚、攀着窗台，细细观看，有时还你一言我一语地品评一番。碰上谁好奇地去触碰、去抽拿，刘川都会义正词严地大声制止："别动！是冯老师特意放在这里的。"

学校外面的田野和山坡，一年四季，总有各色蓓蕾绽放。

粉红的桃花、金黄的油菜花、火红的映山红、粉的白的刺花（野蔷薇）、艳丽的石榴花、明艳的野雏菊……房舍前、池塘边、野径上，依着时令接踵而开。

花开花谢，花谢花开，一茬接着一茬，一年之中少有间歇。

现在，快入冬了，大地已渐渐进入肃杀的季节，出现在人们视野里的，除了经风霜愈显苍黛的绿，多是生命燃尽后的枯黄。这片闯进小男孩视线的繁星般的韭菜花，闪烁着纯净的白，像一个个小精灵在冬的暮色里欢乐舞蹈。冯老师一定喜欢——刘川在心里笑开了花。他迈开小腿紧跑了两步，追上邓老师，昂着头，拉着邓老师的手，撒着娇摇晃着：

"老师，我想摘点花送给冯老师，好不好？"

邓老师是一年级班主任，五十多岁，嗓门粗、心肠好，照料孩子的生活起居很有经验。她的家在城里，原本还帮忙照管娘家弟弟的两个孩子。小侄子、小侄女也是双胞胎，在城区一所小学读书，弟弟、弟媳没有充裕的时间照顾孩子，她既热心，又是当老师的，于是责无旁贷地担起了姑母兼"大妈妈"的职责。后来，因为下岗的丈夫身体不好，住了几次院，加上儿子即将结婚，需要钱，她不得不向学校主动请缨，家也不回了，天天住在学校里，除了每个老师都参与的轮流值班，邓老师还要单独负责照管一、二年级这几个尚不具备独立生活能力、家长又有迫切需求的孩子，算是既缓解自身经济压力，又解决留守学生父母后顾之忧的两全之举。

看到手把手亲自照料、天天教导的本班学生惦记着别的老师，哪怕是貌似粗线条的邓老师，也不禁心里泛起微微荡漾的醋意，她问刘川：

"为什么是送给冯老师呢？"

"我和冯老师要好些。"

刘川不懂老师心里的"九曲回肠"，响亮而自豪地宣称。

他还不能用语言表述出更多的理由。

这个只有六岁的男孩儿朦胧着，一种渴望母爱的本能驱使他如向日葵朝着阳光转动一般亲近着冯老师。他自己并不明白也不曾去深究，为什么只要看到冯老师高挑的身影出现在太阳初升的校园时,他就像完成某种必需的功课一般,飞跑过去,唤一声"冯老师";为什么冯老师笑着应答,将纤长的手指抚过他的小脑袋时,他的心仿佛一颗巧克力在阳光的照耀下融化成甜美黏稠的蜜液……

也有个别时候,冯老师把他叫成姐姐"刘源",这时,他会很失落、很不开心;他会大声纠正冯老师的错误,告诉冯老师"我是刘川",直到冯老师认真道歉,改正错误,重新叫他一声"刘川",他才会重新绽放心满意足的笑容。

然后,他会幸福地依偎着冯老师,老师身上的柔软和馨香,太像妈妈了,他舍不得离开。

刘川举着那束韭菜花,像小鸭子似的摇晃着细碎而急促的步子跑进校园,一直跑到我房间的门口。我正背对着他收拾桌上的物品,他忽然感到有点害羞,有点胆怯。

我一回头,男孩儿站在门口,带着平日没有的扭捏。我好奇地问:"有什么事吗,刘川?"

他不言语,昏暗的光线下,小脸蛋憋出了淡淡的红润,我的目光又落到了他手里握着的那一把翠绿秆茎的小花束上。

带着一点鲁莽,我惊讶地问:

"是送给冯老师的吗?"

刘川如释重负,急急忙忙向前走了两步,将花塞到我手上,又逃似的慌慌忙忙跑了出去。

邓老师经过窗外的过道,她敞亮的声音传进来:

"刚才我带几个小家伙出去散步,看到韭菜花,刘川说要摘点送给冯老师。他跟冯老师要好些咧。"

我和邓老师一起笑了。

晨读 | 他不是爱上你了吧？

阳光下，油菜花开到荼蘼。

三月八日，妇女节这天，女性老师享有半天假期，可以把学生和要上的课统统交给搭档的男老师，回家去睡个昏天黑地的踏实觉，或者到哪个美容院洗个头、做做护理之类的项目犒劳犒劳自己……其实，什么样的形式不重要，大家享受的是这半天的轻松和自由。

午后，随着一个个婀娜多姿的身影走出学门，空气里便注入了寂寥而松散的分子。我站在二楼的走廊望了望前方盛开着油菜花的田野，阳光在油菜花上跳动，我转身进了教室。今晚轮到我和另一位老师值班管理寄宿生，为了两小时的悠闲，往返市区一趟实在不划算，所以，我干脆放弃了这一年一次的"妇女优待"机会。

不过，我不去城里，两个在城里教书的同学却来乡下找我，说久闻我们学校周围风景优美，趁今天来踏春访友，一举两得。

我带她们去了学校附近的田野，那里盛开着一望无际的油菜花，一条小河在花田中蜿蜒穿行，站在花丛中往回望，雄伟挺拔的尖公寨和楠木寨像九天掉下的仙山坐落在原野遥远的东侧和南方。连绵的春雨后，阳光驱散乌云，光芒倾洒大地，花瓣草叶无不散发着融融暖意，油菜花田耀眼的金黄里，嗡嗡旋飞的蜜蜂忙忙碌碌，除了我们几个赏春的闲人，浩浩荡荡的春风里，几乎没有人迹，上千亩油菜花肆意地绽放，如潮水般涌来的馥郁花香使人醺醺然颇有醉意……

回到学校，一个剪着短碎发的女孩披着夕阳的霞帔，朝我跑过来，递给我一个硬纸板叠成的小灯笼，清清脆脆地说了一句："老师，节日快乐！"

是儒心，一个在三八妇女节没有办法完成老师交代的"给妈妈送上妇女节祝福"任务的寄宿留守学生。

放学时，我布置了让学生送件礼物给妈妈或奶奶作为三八节的祝福的作业。

他们很认真地给我提了一道难题。

"老师，我妈妈不在家。"

"老师，我妈妈和奶奶都不在。我住在外婆家。"

"老师，我妈妈出去打工了，我奶奶不在了，家里只有爷爷。"

"老师，我读寄宿，不回家。"

……

当然，里面也夹杂了不同的声音，几个学生满脸自豪地宣告："我妈妈在家。"不约而同，他们在"我"上面加了重音，显得极为骄傲。

停顿片刻后，机灵的学生问："可以送给老师吗？"

儒心的妈妈在广东打工，她跟奶奶生活，她又是寄宿生，没有办法在三八节当天把祝福送给妈妈或奶奶。

儒心把礼物送给了我，她说冯老师像妈妈一样让她感到温暖。

这个学期才读寄宿的朱宇强和儒心一个班。男孩跟在女孩身边转悠，看女孩一下一下细心地折着小灯笼。

他"眼红"了。

他很久很久没有见到妈妈了。他不知道妈妈在哪里。

灯火通明的教室里，中、高年级的寄宿生正奋笔疾书完成当天的家庭作业。

突然，两个矮小的人影，一前一后，一阵风似的从门口进来——是儒心和朱宇强。

一包印有卡通小松鼠形象的零食被放到了讲台上，包装袋朝我咧开嘴嘿嘿直笑——口子已经撕开了。我认出这是一款品牌响亮的坚果零食，价格不是我这两个学生日常零花钱买得起或舍得买的。

"老师，节日快乐！"

"老师，节日快乐！"

紧跟着儒心柔嫩声音响起的是朱宇强略带沙哑的嗓音，话音才落，没等我回应，他们便转身离开了。

教室外，是黑浓的夜色。

仿佛平地一声惊雷，正在写作业的高年级学生们从抬头、张望，到惊讶、失笑，到议论纷纷，一时间，教室里嗡嗡嗡的声音此起彼伏。我也终于回过神，明白自己又收到了一份三八妇女节的礼物。

这包坚果，是邓老师带他们出去散步时，熟识的乡邻给孩子们的。他们尝了一颗，舍不得再吃，送给了我。

朱宇强，也是我班上的学生。

在这个小男孩光溜溜的脑门下经常是一副"嘿嘿"傻笑的神情，几分顽皮，几分讨好。因为不爱学习加各种捣蛋，他经常被老师们批评。我实在没想到，他也会这么"煽情"。有些孩子，是不"记仇"的。

大部分时间家里只有爷爷、爸爸和他。男孩很少感受到女性的温柔与细腻。他在地上摸爬滚打，在墙根边挖洞、角落里翻虫，仿佛一只未经人类驯化的小野兽。父亲管他不住，学校一松口，就把他送到学校寄宿，托邓老师照管。那天放学，同学们都走了，教室里只剩下他和儒心。儒心坐在自己的座位上，专心致志地用硬纸板折叠着一个灯笼。男孩在一旁好奇地看，看那张鲜红的纸在一双纤细的小手下慢慢变成了一个像盛着火焰的灯笼。儒心一边拿笔在灯笼上写字，一边告诉他说这是送给冯老师的礼物。

他呆呆地站着，说不出话来，他被儒心脸上洋溢的满足和幸福吸引了。

我和好朋友描述后来的情景，她哈哈大笑，说：好像爱情故事的情节，这个小男孩不是爱上你了吧。

第二天清晨，早自习下课，我在讲台前批改作业，朱宇强"噔噔噔"地跑过来，一听脚步声，便知他满心欢悦。他带着一抹羞涩的笑容，递给我一朵彩纸剪的小花和一个心形的叠纸。

小花一目了然，简单的五瓣花。

心形叠纸朝上的一面写着几个字：给冯老师。

翻过来，反面：打开看。

按照指示，一步一步拆开，养在深闺里的一行字羞答答地露出来：

祝老师节日快乐！

晨读 妈妈，节日快乐！

母亲节那天，我提议学生们齐声说"妈妈，节日快乐"，我给录下来，发到家长微信群里。

孩子们笑起来。

笑的意味不一，有觉得新鲜好玩的，有赧然不好意思的，有哂笑着不以为然的……

我于是敛了和蔼可亲的笑容，换上一副严肃的神情，跟大家说了一通"十月怀胎""含辛茹苦"的话语，让大家懂得"感恩母亲"。

刘仁睿的小身板挺得笔直，端坐如钟，一双沉静的眼睛深处隐约可见飞扬的小火花。男孩儿喜欢待在学校，喜欢待在同学们中间，喜欢他的班主任，冯老师。从前，他是个内向、自卑的孩子，总是不言不语，可是，经过老师成天夸奖，眼见一天天地开朗起来。

男孩儿努力按老师向同学们提出的要求去做，每次，接收到老师眼里的赞许，听到老师话语里的表扬，心里便乐滋滋的，像小草得了春雨的滋润，一个劲地向着阳光生长。

可是，现在，他眼里的小火花逐渐熄灭，生气勃勃的脸渐渐黯淡下去，他一点点地垂下脑袋，仿佛瘦弱的脖子承受不了越来越沉重的头颅。

感恩母亲？

男孩儿在脑海里努力搜索，也没有找到妈妈的模样。

还在懵懂不晓事的幼年，刘仁睿就或直接或间接地收到过有关妈妈的信息：自己还不到周岁时，妈妈出去打工了；出去之后，妈妈再也没有回来；再后来，她和爸爸离婚了……

记忆里，残存有妈妈的味道，软软的，暖暖的，有甜美的馨香。那是潜藏在心海深处一种渴望而又绝望的感觉，极少极少，甚至从未浮出过海面。至于妈妈的具体形象，长什么样、高还是矮、胖还是瘦、白还是黑、美还是丑……他没有一丝一毫的印象。"妈妈"只是一个空洞冰冷的名词。

爸爸出去打工了，刘仁睿由奶奶一手带大。

有时，奶奶瞅着小孙子不在跟前，和别人谈及曾经的儿媳妇，语气是极其愤慨的：

"娘屋里就在上面，每年也回去几次，路过这里从不进来看刘仁睿一眼，更别说买身衣服，买点零食、玩具。就算跟我们有仇，崽还是她生的不？真是个狠心的女人哪！"

男孩儿无声无息地站在背光阴暗的角落，光秃秃的水泥板楼梯下，或是杂屋堆放的袋装化肥后。奶奶的话语，像一根根利箭，将他柔嫩鲜活的心刺出一个个血窟窿。窗外，阳光跌落在水泥坪的外沿，离他那么远，他望着一点点沉落的夕阳，感到自己也随着太阳下山而掉进了寒冷的冰窖。

那个时候他多大呢？

19

四五岁吧，或者，更小，三四岁。大人们以为他还不懂，其实他什么都懂。他一天比一天沉默。

他成了一个孤僻、敏感的小孩。他不愿意跟邻居家的孩子玩耍——他讨厌他们显摆自己的衣服、玩具、零食，说这是妈妈买的，那是爸爸买的；他嫉恨他们说起这些时绽开的笑容，那灿烂如阳光的幸福分外耀眼，那幸福的光芒刺得他眼睛酸涩，激得他心底的泪水泛滥成了溪流。

他最常做的事情是，待在房间里，仿佛固守一方谁也不能攻破的堡垒，他将门、窗紧紧关闭，也将自己紧紧封闭。男孩儿坐在床上，孤单地翻卷着堆成一团的被子、毯子，那柔软、温暖的触觉给他以虚幻的抚慰，仿佛他拥抱与投入的，是一位温柔可亲的母亲。

但男孩儿不能一直欺骗自己，当头顶的天花板用讥嘲的眼觑他，他便一个激灵，从迷醉的想象中醒过神来，一个叫他发狂的念头攫着他，令他仿佛连呼吸也不能。

——妈妈不要我了！不要我了！她不要我了！

男孩儿发了疯一般猛地大吼一声，从床上跳起来，把褪色起了球的线毯往背上一披，"嘿、嘿、嘿"地拳打脚踢起来。他把自己当成拥有神功绝技的武侠英雄，驰骋天下，扫除世间一切不公与黑暗，唯有这样，才可暂时泄去心中那惊涛骇浪一般的忧伤。

她都不要我了，我还想着她干吗？

最后，男孩儿这样想着，瘫倒在床上。

"妈妈，节日快乐！"

一阵参差不齐的声音把刘仁睿惊醒，他略略抬头，茫然地朝周围望望，目光落在我身上。

我站在教室前方，皱了皱眉头，思忖着怎样才能效果好一些，接着又舒展了眉头，看着大家，说：

"声音不够响亮，也不整齐。这样吧，我们先排练两次。同学们看老师的手势，老师的手落下去，大家就一起大声说。要把对妈妈的祝福送出去哦。"

我将一只手抬起来，等全班同学的视线都集中过来，便往下一划。

男孩儿张了张嘴，一块石头在喉咙处淤堵了细弱的声流。他没有发出声音。但是老师仿佛是满意地笑了。

老师一笑，他便感到有一束光芒穿透心里的阴霾。他振作起精神，伸直脖子望着老师。

"这一次好多了。再来一次。声音可以更大一点吗？"老师说。他看到了老师眼里溢出的期待，这期待的眼神让他的心颤了颤。他一直是朝着老师的期待努力的。

冯老师是从二年级开始教他的。

那个时候，他依然是那个沉默寡言的孩子。

冯老师总是笑吟吟的，奶奶来接他放学时，老师跟奶奶夸他，说他很棒、很优秀，老师先让他当组长，后来又当了学习委员。近两年过去，现在，他已经成了老师"得力的小助手"、同学们"学习的榜样"。

这些变化是怎么发生的呢？

也许是坚冰被阳光消融的缓慢过程，也许只是一个瞬间的感觉，便将他心房的硬壳击裂。

那天课间，男孩儿和另外几个同学簇拥在讲台前，观看老师手机里保存的她养的多肉植物的照片。一开始，他只是被照片里那些萌嘟嘟的植物给吸引了；突然间，男孩儿闻到了一股温软的馨香，这馨香，正是长久以来潜伏在他心灵深处的妈妈的味道。

　　这味道越来越浓郁，越来越醇厚，不仅占据他的鼻息，还渗入他的肌肤、沁入他的血液。他循着这气息的发源处悄悄向老师靠拢了一点，眼睛紧紧盯着手机屏幕，假装是为了看得更清楚些。

　　他不停地挨近、挨近……

　　"哎呀！"老师叫了一声，身子一斜，往旁边倒去。重新稳住身子后，她嗔怪地瞪着眼前这群小家伙："你们要把老师挤到地上去啦！"

　　孩子们哈哈大笑起来，老师这样的责备他们是不怕的。也许，就是在这个瞬间，老师化身为男孩儿渴望已久却从未触及的母亲的形象，进驻了他的心房。

　　老师的手，再一次在空中短促地划过。

　　"妈妈，节日快乐！"

　　他听到了自己的声音。只是，还没有旁边的同学那么响亮。

　　老师的笑更深了，眼眸闪亮，像他心目中的妈妈，满含期待地望着他。

　　"妈妈，节日快乐！"

　　最后一次，我看到刘仁睿脸上的阴云散开了，他的脸，是明朗纯净的，他打开嗓门，直视着我，大声地把这句话喊了出来。我的耳朵捕捉到了他的声音，捕捉到了所有孩子的声音，几十个孩子脆爽的声音像蹦跳的弹珠，从四面八方弹跳出来，汇成一股欢乐的浪涛，涌动在明亮的教室，也涌动在他们绽放的笑脸上。

冬游

"老师，我们是去春游还是冬游？"小萝卜头似的冯俊辉，黑黑瘦瘦，身高只到我的腰部，每次跟我说话，都使劲仰着头。

我没有想过这个问题，一时被他问得愣住了，只好打了个哈哈，把问题推回去："呃，现在是什么季节呀？"

围在一起兴奋得又蹦又跳的好奇宝宝们恍然大悟："噢……是冬游！什么季节就是什么游。"

好吧，冬游……冬游……

听起来有点怪。

为什么会有这次奇怪的"冬游"呢？

昨天我刚到学校，真是刚到，因为我还没来得及打开车门下车……

几个女孩子跑过来，把我拦在驾驶室，自豪地报告："老师，上个星期我们班文明班级评比得了100分。"

"真的吗？好厉害啊！"

我是从来不吝啬对这群小家伙的夸奖的。只是，他们为什么还站着纹丝不动呢？不应该是听了我的表扬就开开心心地跑开吗？

我有点迷惑。

昉如小声地提醒："老师，您上次不是说要是得了 100 分，就带我们出去走走吗？"

咦，我有说过吗？是我太健忘，还是这群机灵鬼蒙我？

无从考证。

好吧，就当我说过吧。

孩子们撒腿向田野里跑去。

他们跑去的方向，几只黄牛在冬日的暖阳下啃着草。出去走走，不过就是走出校门，到野地里呼吸呼吸自由清爽的空气。

我和几名学生落在了后面。郭志鹏望了望跑远了的同学，停住了脚步。

"你不去玩吗？"我努努嘴，问。

"我才不去踩牛屎。"他淡淡地回复一句。

不去踩牛屎……不去踩牛屎……我感觉自己要被这话雷晕了。

然后，他在旁边的田埂坐下，再然后，居然，掏出一本书，用身体遮挡住阳光，看起来。

一看封面，是一本《名人故事》。

阳光明艳得实在耀眼，这可是十二月啊。

头顶已被晒得火辣辣地冒烟，我把藏蓝色的麻质围巾绕着头顶下巴裹了两圈，只露出两只眼睛。

"老师，你这个样子好像外国人。"

"像阿拉伯人。"

……

他们轮番凑到我跟前，打量着，发表各自的高见。

既然这么有特色，那给老师拍张照纪念一下吧。

"老师，他们在你头上安了好多角。"我摆好姿势，"小摄影师"却指着我背后急急地"揭发"。

身后，几个调皮的小家伙叉开手指，扮成鹿角、牛角、羊角，各种动物的角，偷偷在我头顶上方晃啊晃。

"要安得漂亮一点噢。"我说。

他们来劲了："那我们和老师一起拍吧。"

呃，其实我想单独拍一张的。好吧，一起就一起。

"咔、咔、咔"，充当小摄影师的学生摁下了手机相机的快门，镜头里，有阳光照耀下的田野，有在阳光下眯缝着眼笑得灿烂的老师和同学。

课间十分钟
家长微信群

  雨，一直下着，像不知疲倦整天找活干的老农，偶尔放缓一点脚步歇口气，过不多久，又淅淅沥沥下得更起劲了。雨点砸在乒乓球台、水泥操场上，溅起一朵朵水花，地面泛起一层冷冷的亮光，洁净到让人感到凄清。

  雨小的时候，偶尔有几名学生从前面的教学楼往校园西北角的厕所跑去，行色匆匆。多数学生并不打伞，他们佝偻着背，两条手臂环成圈状在头顶交叉，以遮挡头顶、额前的雨丝，肩膀高高耸起，脖子缩在厚厚的衣领内，努力不让无情的寒风将身上那可怜的热气卷个一干二净。

  二年级班级微信群很热闹，发言的多是在外地打工的家长们。他们在向老师打听自己孩子期中考试的情况。

  "老师，我家×××考得怎么样？"

  "老师，已经期中考试了吗？"

  "老师，语文试卷发了吗？"

  ……

  我看了半晌，没回复。

我的第一反应是无语。期中检测的试卷昨天已经发给学生带回家了。考虑到自己接手这个班才两个月，时间短，家长们心里可能会有不少疑虑，特别是本班留守学生多，和他们的父母需要加强沟通，所以，昨晚，给学生上完晚课后，我撑着直打架的眼皮，在深夜阵阵袭人的寒气中，写了关于本班学生平时学习表现及本次期中检测情况的总结，艾特了所有人，发在班级微信群里：

家长们，本次语文期中考试成绩已出，请各位用理性的方式对待。其一，本次考试由教导处统一出题，所考内容与所学知识有一定出入，对孩子而言难度较大；其二，因期中考试时间比较靠前，时间紧迫，没有进行复习，也没有对学生进行如何将所学知识转化为答题技巧能力的训练，所以有些同学没有考出实际水平。

虽然不要过于看重单次考试成绩，但应该从考试中发现问题，总结经验，以利于孩子学习的提高。本次考试，虽然难度大，又考得仓促，但还是有刘仁睿、禹嫣、昀如、谭美琪、刘清、郭志鹏等同学取得了很不错的成绩，这些同学平时上课都很认真、注意力集中。

刘仁睿、禹嫣等同学已养成了阅读课外书籍的习惯，这一点对语文学习非常重要，以后考试中课外阅读的比例会越来越重。有一部分同学，平时学习也比较认真，但课外阅读量少，理解能力及活学活用的能力稍差，在面对一些陌生的题型时，解题水平就会发挥不出来，像周莹熙、儒心、曾妍、陈超、曾燕、赵振林等同学就存在这样的不足。还有一部分同学，语文基础差，希望老师在尽心教育的同时，家长也能多花时间，多些耐心帮助孩子快一点提高，如朱宇强、杨渺、刘家豪、周婷、杨添祥等同学。

家长们，语文素养的培养是个长期的过程，我们既要看考试成绩，更要重视孩子学习习惯的培养，培养孩子的专注力、培养孩子坐得住学习的沉稳气质。其中多读与多写，是最好的方法和途径。

我再一次看了看群里发的信息，提问的家长包括儒心妈妈、赵振林妈妈、曾燕妈妈，这三位妈妈都在外面打工，而这三个孩子的学习和考试情况，总结里都有提到。

我叹了口气。

为了创造更好的生活条件，家长们漂泊异乡，不得不与孩子两地相隔，牵肠挂肚的心可以理解，所以，尽管有些老师表示，成立班级家长群是自找麻烦，我还是建了个群，发一些孩子们学习、活动的照片、视频，让家长及时了解孩子在学校的情况和状态，又利用下课时间，让留守学生在微信里和父母语音或视频，保持情感的维系……

可是，有些家长，或者是因为受教育程度的制约，没有仔细阅读老师留言的习惯和能力，只自顾自想到什么就问什么，而实际情况是，我既不可能做到每个问题都一一回复，也不能答复一个不答复另一个。

思忖良久，我在群里回了一句：

"老师发的信息，请家长们仔细阅读。"

我将视线从手机上移开，转向门外挺立在雨里的玉兰树。午后的气温更低了。寒冷的空气像一条看不见的蛇，从门口蜿蜒着游进房间，又爬上身体。

班上留守学生人数多，隔着空间如何与他们的家长交流，是一门需要我认真揣摩研究的学问。

28

妈妈来学校

如果没有记错，迄今为止，我一共见过王宇泽的妈妈三次。

第一次印象已经模糊，推测应该是在开学报到的时候。

那天，我刚刚确切知道本学期的任务：接手二年级的班主任和语文教学。刚打开分配给我做寝室与办公室的房间，一群年龄参差不齐的爷爷奶奶或者爸爸妈妈领着一堆的"豆芽菜"，就迅速从操场、走廊、其他老师的办公场地及学校内外的各个角落汇流进来。顿时，房间里各种声音此起彼伏，不停地冲击着耳膜，有议论换了班主任这件事的；有问伙食费多少钱的——虽然收费标准醒目地张贴在告示栏里；有打听学生寄宿相关事宜的；当然，还有纯粹发发牢骚，吐槽对学校不满和怀疑的……

我忙着回答各种问题、给孩子们登记报名，根本无暇去仔细辨认谁是谁的家长。其实，就算按照学生做"连连看"题型的方法，一个一个用线串联清楚，我也没有本事做到过目不忘。

期中检测结束后第一个周一的午餐时间，我拿着碗准备去餐厅吃饭。学生们穿梭往来的餐厅外面的过道上,站着一个三十岁左右的短发女子。看到我,她露出笑脸,向前迎了两步,开口叫冯老师。接下来,她询问王宇泽期中检测的情况,说话时带着不属于湘乡方言范畴的口音。于是我知道了她是王宇泽的妈妈,从邻县安化嫁过来的。

王宇泽瘦高个,男生,经常穿一条洗得泛了白但很厚实的牛仔裤,裤子相对于他的身高短了一截,像是时髦女性钟爱的"九分裤",总有一截小腿露在外面。

他不大说话,看上去像是个腼腆的孩子,实质却很有几分顽劣。隔三岔五就有学生跑来跟我告状,说王宇泽跟谁谁谁打架了;王宇泽发脾气扔书本、砸凳子了;违反纪律的登记本上,他的名字也经常赫赫在列;学习不够用心,时不时就出现家庭作业没有完成的现象……我记不清王宇泽期中检测的具体成绩,不过有模糊的印象,知道分数比较低。

我如实把王宇泽在学校的表现向妈妈一一介绍,几缕忧虑便像蚯蚓一样爬上了她年轻光洁的脸庞。

分别前,我说:老师精力有限,一个班这么多学生,不可能时时盯着哪一个,如果父母能够配合做好家庭教育,孩子各方面的情况应该会好很多。她听着,笑了笑,那笑容似乎有点尴尬,似乎我开了个不切实际的笑话。

几天后,我去教室上早自习,经过教学楼的楼梯口,王宇泽正倚在扶手上,手里拿着一个包子,大口大口吃得香。用来打扫公共区卫生的棕扫帚,歪斜着,躺在他脚下的梯阶上。

扶手另一侧楼梯下的过道里,王宇泽的妈妈仰着头,专注地望着儿子近乎贪婪地吃着她送来的早餐。东方的天际,遥远的楠木山顶上空,一抹绯色拉开了崭新的一天。晨光洒在她红润的脸上,跳进了她注视着孩子的眼眸里。她满心喜悦地看着儿子,仿佛眼前是一幅令她心醉神迷的美景。

那天,她穿一件黑色PU皮短外套,修身小脚深蓝色牛仔裤。裤腿塞进了脚上侧面带拉链的坡跟短筒靴子,整个人看起来不艳丽、不土气,干练中流露出一种女性与母性的温柔。她手里提着一个半透明的小塑料袋,可以看见里面装着的豆浆、包子。这种村镇上卖的豆浆我喝过一次,不纯正,寡淡的味道里掺杂了添加剂的香味,但对农村的孩子来说,是新鲜时髦的。

我停下脚步,和她聊了几句,叮嘱她,孩子早餐要吃好,要保证营养全面。她对我笑笑——原来王宇泽腼腆的笑容来自妈妈——她说平时早餐煮面条,今天起床晚了,没来得及。我很惊喜,问她是不是不出去了。她摇头,说过几天就要走了,她和老公一起。是我会错了意。

我"哦"了一句,她听出了我语气中的遗憾,又笑了笑,这一次,带着无奈。或许,不出去打工,对她而言,纯属异想天开。两个女儿、一个儿子,都还在读小学,不出去赚钱,怎么养家糊口?

想要【轻松阅读】掌握留守学生的现况?
还是【高效阅读】快速了解留守学生存在的关键问题?
或者【深度阅读】,阅读同类延伸作品?
微信扫码,定制专属于您的本书阅读服务方案

课间十分钟
奶奶的心意

奶奶腰背微驼了,她正有条不紊地往藤条编织的小提篮里装东西——二十个用红色塑料袋兜着的鸡蛋、一个填满"小菜"的大肚塑料瓶。鸡蛋是放养在屋后山坡、坪前田里"咯咯咯"叫唤着觅食的母鸡下的;"小菜"呢,是奶奶身体尚康健的年近九十的老母亲腌晒的。

把篮子挎上胳膊肘,奶奶锁上门,朝学校走去。

这两样土产品,是奶奶精心准备着要送给孙子的班主任冯老师的。

大伙儿都说土鸡蛋比超市里买的洋鸡蛋好,营养更高,吃着更香,敲破壳打在碗里,滚圆的蛋黄金灿灿的,色泽饱满,不像超市买的"洋鸡蛋"淡得发白。今天是农历三月初三,"三月三,地(荠)菜煮鸡蛋",这天,吃了地菜煮的鸡蛋,能清热、去火、去湿,送鸡蛋给老师,正合时令节气。

说到做"小菜",那是勤劳能干的婆婆、婶婶们的爱好。土里吃不完的当季蔬菜瓜果,用腌、晒、泡等各种方法让它长时间保存下来,且风味不一,"做小菜"是其中一种。奶奶的老母亲喜欢用紫苏、苦瓜皮、辣椒碎末,有时候也放梅子、桃肉、南瓜条、生姜片等,按一定的比例搅拌在一起,开水烫过、食盐腌过，几个大太阳晒得干湿恰到好处，用食品袋或瓶密封保存，吃的时候抓点摆在案几上，就可以当零食来吃。

上回老师来家访，奶奶拿出来招待，老师尝了赞不绝口，奶奶听了喜滋滋地合不拢嘴。做小菜的人多，但水平有高下，要做到咸淡适宜、干湿恰好还是不容易的。奶奶因此留了心，老母亲再晒"小菜"时，特地给老师留出了一份。

奶奶顺着一条笔直的水泥路下了长长的缓坡。

这是孙子郭志鹏活动得最多的地方。他喜欢穿着父母给他买的溜冰鞋和附近几个小孩在这条路上滑来滑去。放学写完作业的傍晚时分，淡淡的暮色在林木蓊郁间试探地伸展着腿脚、胳膊，灶屋青灰瓦片上升起的炊烟，掺杂着孩子们欢乐的尖叫声，飘上竹尖林梢，飘向静默的尖公山顶和辽远的天际……这是村路上一天中最有人气的时刻。

现在是上午，长长的水泥路上只有奶奶一个人在行走。她的左边，是从山坡上伸展出的茂盛的枝丫，右边则是一片片稻田。此刻，田中青翠的油菜籽、草籽叶，都在暖暖的阳光中犯着春困，只是禁不住微风的逗弄，偶尔伸个懒腰、打个哈欠，慵懒地回应一句。

周围很安静，稻田里没有春忙的景象。油菜结籽了，但还没成熟到可以收获；没种油菜的田里，公路沿线有薄膜棚大规模种植西瓜的；更广阔的区域只生长着绿绒毯般的草籽（紫云英）。

十来天前，是紫云英开得最盛的时候。温柔、迷离、浓郁的紫，像铺天盖地的水流席卷大地，续着油菜花的尾声，将春季的乡间田野装扮得色彩斑斓、浪漫多姿。往年，紫云英尚未开到荼蘼，便被冷冰冰的犁田器具翻卷到了湿润的泥土中，逐渐沤烂、沤熟，当了稻田的基肥。今年，政府通知，说有些田地要歇耕两年，养养土壤的肥力，紫云英才有了在春风中尽情展姿露俏的机会，直到她自己尽了兴，累了、乏了、才收敛了劲头，等待来年春的到来。

太阳照得奶奶一身热气腾腾，然而，她脚步轻快，眼角眉梢挂着愉快的笑意。送这些东西给老师，她出自真心实意。她觉得，只要老师肯在孙子身上多费一分心，她就要省十分力，怎么都值。

就说上周四吧，刚开始，跟往常的每一天一样，奶奶做好早饭，祖孙俩端坐在堂屋的四方小桌上吃着饭，不久，孙子郭志鹏说他吃完了。奶奶以为接下来孙子会背上书包上学。可是，事情的发展脱离了正常的轨道，孙子把筷子搁下后，继续说的是："我今天不去上学。"

这句宣示的威力不亚于一颗小型弹药被引爆了。一时间，奶奶有些懵懂，她弄不明白发生了什么。孙子性格犟，在奶奶面前说一不二，无论她怎样着急、慌神，又无论她怎样询问、劝说，孙子都是双唇紧闭，不发一言，丝毫没有被劝动的迹象。

无奈之下，奶奶只好请出"尚方宝剑"，打电话给儿子、媳妇（他们都在重庆做住宅电线安装的工作），把这烫手的山芋交给他们。媳妇听了，通过手机一连发出了数道指令，这下，郭志鹏倒是有了言语，不过，他有他的对策，他一会儿说"肚子疼"，一会儿又说"回家的路上有人打我"，最后说"作业没写完"……每一个不去学校的理由，都被明辨是非的妈妈以相应的话语否决，最后，郭志鹏干脆不听妈妈的电话了。

真相扑朔迷离，"尚方宝剑"隔着千山万水，威力大减，反正妈妈没有本事可以飞越四川盆地、横跨云贵高原，直抵湘中丘陵湖南湘乡，最多不过口头软硬兼施地哄劝、恐吓两句，不能把他怎么着。郭志鹏就那么噘着嘴、皱着眉，坐在饭桌边呆呆出神，不去上学的态度表现得明显而坚决。

奶奶和妈妈，婆媳俩，对着这么一个犟头犟脑的小宝贝，急火攻心又无可奈何，最后只能听任郭志鹏在家度过了悠闲而无聊的一天——看看电视、溜溜冰、睡睡觉。

郭志鹏是不惧怕奶奶的，奶奶再怎么生气，对着孙子也是慈眉善目的模样；爸爸妈妈前几年在家，陪伴在儿子身边，是郭志鹏心中的绝对权威。"权威们"这两年远赴重庆，靠亲戚的帮衬转接些安装电线的业务，回家次数少，时间短，加上孩子逐渐长大，有了自己的想法，慢慢出现了不受遥控指挥的现象。

对于多数处在小学阶段的孩子来说，有个普遍现象，祖辈无论付出多少，只要父母对他们不是不闻不问，那么，在孩子心中，爸爸妈妈的地位总是排在第一。一年级一名叫许聪慧的男生，爸爸、妈妈、奶奶，都在外面打工，平时只有爷爷在家照料姐弟几个的生活起居，无论寒暑，除了田间地头、豆腐作坊要忙碌，爷爷还一日不落地给几个孙女、孙子做饭、洗衣，生病带他们去诊所，惹了事给他们去"了难"……可那天老师问谁在他心中排第一，许聪慧想也不想，脱口而出的就是"妈妈"。

郭志鹏也是这样，奶奶亲是亲，不过让他又爱又怕的还是爸爸妈妈。当然，在某些事情上，他更惧怕一个人，那就是他的班主任，冯老师。

妈妈怀着各种揣测各种不安，当天一早就跟老师打了几个电话。她最担心的是儿子在放学路上被高年级的同学或社会流氓威胁、勒索。老师答应妈妈，等郭志鹏来学校，跟他聊聊，了解真实的情况。

第二天，郭志鹏不能再不去学校了。下课后，老师找他到办公室，很快问出了他昨天不来学校的原因。

原来，昨天郭志鹏在放下筷子准备起身去拿起书包的一瞬间，脑瓜里突然掠过一道闪电，他想起家庭作业还有一篇日记没有写，顿时，如五雷轰顶，男孩儿惊出了一身冷汗。想象老师得知后可能会有的皱眉、责罚，想象同学们可能会有的嘲笑、讥讽，他突然觉得肚子疼、脑袋晕、全身乏力……他不敢去学校。

这个不好定性为优点还是缺点的特征是自尊心强、脸皮薄的孩子的共通之处，老师一句稍微重一点的话抛过去，就会砸得他血气上涌、双目垂泪。郭志鹏一般不会犯不写家庭作业这样的"低级错误"。相比多数男孩子，他沉静而勤快，没事的时候，也不到处疯跑瞎闹。他喜欢抄读书笔记，每抄完一页，他就拿来给老师过目，等待老师评定这一张读书摘抄是否可以贴到教室后面的"书香小屋"去。这段时间，他已经快把一本厚厚的《恐龙》给抄完了。老师虽然觉得他不需要整本书整本书地抄写，但郭志鹏对恐龙兴趣浓厚，再者，字也越抄越漂亮，所以，经过斟酌，老师没有劝止男孩奋笔抄书的行为，而是对他的勤奋与执着表示了肯定。

忘记写日记是有原因的。这个学期，老师没有要求大家天天写日记，而是临时布置，一个星期写两到三篇。结果，一个大意，郭志鹏华丽丽地把这项家庭作业的任务抛到了九霄云外。他不敢面对因此可能引来的老师的批评，于是果断地收回了伸向书包的手，也缩回了迈向门槛的脚步。

老师首先表扬了郭志鹏的自尊心，说这是他奋发向上的一种动力，接着又批评了郭志鹏犯错之后采取的逃避态度，最后，师生俩一块儿找出今后如何避免犯同样错误的方法……郭志鹏心里沉甸甸的石头落了地，他怀着愧疚又轻松的心情离开了老师的办公室。

放学回到家，奶奶看到孙子早上出门时乌云密布的脸已经雨过天晴，郭志鹏在堂屋的小桌上认认真真写完作业，然后收拾好书包，穿上溜冰鞋在屋外的水泥路面上来回穿梭，仿佛是脚踏风火轮在蓝天上飞翔的哪吒三太子。

奶奶放心了——孙子高兴了，在外面的儿子、媳妇就可以安安心心赚钱了，奶奶想：一定要去感谢感谢老师。

奶奶加快了脚步。

一大片田野裹着清香迎面扑来,只要沿山势转过掩映在茂密植物中的"S"形小径,学校那栋蓝白相间的三层教学楼,就会在阳光下闪着明亮的光泽,映入老人眼帘。

我从教室出来,走下楼梯,看到郭志鹏的奶奶提着一个小篮子正朝校门口走去。看到我,奶奶满脸笑容地招了招手,并不停步,拐过校门的墩子,消失了。

我往后面的寝室走去,路过后操坪,一位老师告诉我,郭志鹏的奶奶送来一袋鸡蛋和一瓶"小菜",放在我房间的桌子上。

语文课

接送孙女的爷爷

我又看到了他。

他还是穿着那件靛蓝色的老粗布外套，腰间系着深蓝色布围裙。衣服和围裙都显得旧，泛着多次水洗后的灰白。

除了周末和节假日，我几乎每天都能看到他。

放学时分，电控不锈钢校门缓缓敞开的一刹那，拥堵在门口前来接孩子放学的家长们，像水库开闸放出的积水，气势汹汹地一股脑冲进来，向校园四处扩散开去。

他步履蹒跚，不紧不慢跟在人潮的最后，哪怕这时，他已站在栅栏般的围墙处往校园内张望多时，哪怕地面溅起的雨水，已将他脚上那双黑色中筒套鞋打得湿漉漉的泛起亮光，哪怕夏日毒辣辣的日头晒得他两颊滚烫或冬日刺骨的寒风把他吹得浑身冰凉……

总之，从第一次看到他，直到现在，他总是这样不慌不忙。

从容貌揣摩他的年龄，70呢，还是80，这可说不准，70是肯定上了的。对这个年龄的南方人来说，他的身材称得上高大魁梧，特别是当他8岁的小孙女曾燕站在他身边时。他经历了时光和劳作锤炼的腰板虽不能说挺拔得像棵白杨树，不过并没有驼。如果把他走路慢的原因归结于他上了岁数，苍老的身体已不容许他跟年轻人一样生猛——或者骑个摩托车风驰电掣，笔直冲进校园再来个急刹；或者在你跟学生交代各种注意事项时，不时地在走廊跺脚、走动、喧哗，难得片刻安宁——但他脸上的神情，也从来没泛起过着一丝一毫变换的波澜。

像平地旷野的溪水，在风和日丽的时候，总这样温和平静地流淌着，你要留意打量，他也就是一副平平常常的模样，一个农村普通的老者，嘴巴没有咧开，满脸的皱纹也没有像小学生喜欢形容爷爷奶奶高兴时所用的"绽开的菊花"似的，可这位老人能无端地让你感应到一种由内而外的和善，错以为他时刻带着微微的笑意。

8岁的曾燕跟她爷爷一样，总是笑眯眯的。不同的是，她是通过咧嘴露出数颗参差不齐的牙齿、弯弯的眉眼和富有跳跃感的音质来传达的。

曾燕的妈妈我也见过两次。一般来说，像曾燕这样的"长年固定留守儿童"，父母只会在春季开学时现身。

报到的时候，曾燕妈妈一边问东问西，一边极不情愿地从口袋里掏钱出来交费。她动作艰难，嗓门倒是利落，声音又粗又高，吧啦吧啦，像机关枪，把学校种种合理、不合理的现象通通扫射一通，其中免不了添油加醋或凭空想象。所幸我练就了一身和那种喜爱找碴挑刺的家长周旋的太极本领，她满怀怨气的言语像颗颗子弹打在棉花上，既无着力点，也无回应，渐渐地也就偃旗息鼓了。于是她转而低头跟身边只到她腰身的女儿说上几句，没什么母亲的温柔，呵斥与指责居多，哪怕是叮嘱与关心的话语也是使用高亢、凶狠的音调，例如："你要好点读书咧，考这么一点分数，好意思不？"

我一面笑吟吟地注视她脸上那生动的表情，一面暗暗嘀咕，不知曾燕是怎么在带有强大怨气磁场的母亲身边养成开朗、爽快的性格的。

曾燕总是不等书包完全背好，就一路小跑急匆匆往爷爷身边奔。她从我身边经过时，还不忘顿一下脚步，仰着脑袋，同我摆摆手，脆声说："老师明天见！"

曾燕家离学校不远，除却两边各百来米的小路，要走的大马路只有三百米左右。大马路上偶尔有车驶过，不多，马路两边都是广阔的田野，一年四季变换各种主色调。稻谷成熟的季节，是金灿灿的黄色，即使没有风，熟透的稻谷甜香也会被挤到马路上来，不由分说，往你肺腑里钻。

曾燕同爷爷沿着马路边往家的方向走着。爷爷还是保持那固定的缓慢的节奏，曾燕跟在爷爷身边，背着书包，和爷爷的目不斜视、笔直向前不同，她不时四处张望一眼，一会儿盯着田头吃草的牛瞧瞧，一会儿碎跑两步，从马路边的草丛里抽出一根狗尾巴草来捏在手里晃晃。

这一高一低、一老一少，每天的清晨和下午，都会在这条路上往返。

孙女的个头，一天天地，拔高了。

爷爷的身影，一年年地，缩小了。

生病

  天空一朵云也没有，阳光热辣辣地倾泻在田野上，明晃得让人张不开眼。旷野吹过来的风，将人表皮细胞里蓄存的水分带得不知所踪，皮肤紧绷着，想做个活泼的表情都困难。

  人们打趣湘乡的天气，经常在冬夏两极之间转换自如，无须春秋的过渡，昨天还风雨交加、寒风刺骨，今天却是艳阳高照、暖意融融。骤冷骤热间，抵抗力弱或未能及时加减衣服的孩子便容易寒热入侵：头疼、脑热、鼻塞、咳嗽……

  赵振林眼泪汪汪走到我跟前，长长的睫毛被泪水浸湿，三根五根地粘在一起。他脸颊发红，眉毛紧紧皱成一团，像在极力忍受着疼痛。

  他低着头，含糊地说了句："我头疼。"

  我摸摸他的额头，没有发烫。

  第一次管理年龄这么小的学生，所以，碰到班上有学生、特别是留守学生，说哪儿哪儿不舒服，我总感到茫然和不知所措。我不敢像经验丰富、做事老到的邓老师，问问症状，给孩子抹点清凉油或冲包感冒冲剂了事；我也不能扔下其他孩子和工作，花上几小时或大半天陪身体不适的孩子去镇上的卫生院检查、治疗；唯一的解决途径，只能联系家长，看家长的意见了。

可是，作为留守学生的赵振林，父母都在广东打工，可谓鞭长莫及。赵振林的爷爷倒是经常接送孙子上下学，但没有他的电话号码，看来还是只能先联系他妈妈了。

电话打过去，响了很久，没人接。我只好退而求其次，打开微信给她留言，也没有得到立即的回复。赵振林还怏怏地站在我跟前等待，我无奈地收了手机，吩咐他先去教室休息一会儿。

下课时间，我去教室观察赵振林的状况。他趴在桌子上，昏昏沉沉的样子，其他同学在他周围读书、嬉闹，发出各种声响，他都仿若未闻。

我又看了看手机，还是静悄悄的，没有任何回应。

我第三次看手机，已是放学时分。赵振林的妈妈在微信里留了言，说是已经要他爷爷来接了。

我松了口气，陪着赵振林坐在升旗台边，一边晒太阳，一边等待。身后突然有学生说"赵振林的爷爷来了"，回头一看，爷爷骑着一辆破旧的自动（女式）摩托车停在了离我们不远的地方。

下了摩托车，爷爷又走近几步。瘦削的脸庞布满了沟壑纵深的纹路，肤色如酱油般黑黄，眉头紧锁，流露出不自觉的忧郁哀愁，仿佛生活的重担从未松懈。我不由想起曾经看过的一幅人物写真画，展现的正是面朝黄土背朝天、一辈子在地里刨食饱尝生活艰难的老农形象。没有想到，这样一个从画面上接触到的艺术形象突然间活生生地呈现在眼前。我打量他，辨不出他的真实年龄。50岁、60岁，还是70岁，都有可能。但是，如果皱纹像树木的年轮一样真实地记载经历过的光阴，那他应该是上了 70 岁的。

　　他向我露出一点勉强的、转瞬即逝的笑意，算是打了招呼。接着，他转向坐在升旗台边的孙子，赵振林在爷爷的目光里站起来，眯着眼、耷拉着肩膀蔫蔫地走到爷爷身边，倚着爷爷的腿站定。爷爷伸出枯瘦的手，像放映慢动作一般迟缓地抚上孙子的额头，沉默寡言中流露出一种温柔的慈爱。然后，他坐上摩托车，将身子往后挪了挪，同闻讯跑来的赵振林的姐姐低低交代了几句。我隐约听到"放学了自己回来"的零星话语。

　　姐姐读三年级，下午要比上二年级的弟弟多一节课。赵振林在爷爷和姐姐交谈时，默默地爬到摩托车脚踏板的位置，蹲下，蜷缩着，像只寻找到了归宿的小猫。

　　我叮嘱爷爷带孩子去卫生院看看，他沉默地点了点头。

　　摩托车出发"呜……呜……"发动机转动的声音，接着转弯，驶出了学校的大门。直行一百来米，左拐，往花坪卫生院的方向去了。

　　祖孙俩的身影，越来越小，最后消失在寂寥的公路上。

　　下午的田野空旷无人，只有收割后的稻茬，反射着阳光，在风中簌簌作响。

语文课

爷爷比妈妈凶

她的笑是爽朗明白的。因为年龄的原因，也因为太瘦的缘故，脸上皱纹很多，每条皱纹都生动地传达着一种谦恭和讨好的笑意。

她在家的时候，经常来学校。

她喜欢站在教室外面的走廊，透过半开的窗户往里看。她让墙壁遮挡住自己的身子，将脖子往前伸，只露出眼睛部分。她的目光在教室里搜寻，最后落在朱帆，她的儿子身上。她敛息屏气地躲在墙角，打探半晌，不让别人发觉她的存在，就是为了察看朱帆上课时够不够认真。当时，我讲课告一段落，布置学生完成练习或朗读课文，走到教室门口，准备望望远处的群山和田野透口气时，她冷不丁冒出来，笑容可掬地叫上一声"冯老师"，倒把我给吓一跳。

她瞅准我这时有一点空当，便将她在家时，是如何想方设法紧抓儿子学习的事情絮絮说开了，比如说给他听写词语啊，教他写作文啊……

从我这个方向望过去，她的身后，越过栏杆，是一片广阔的田野，田野的边沿，环绕着连绵高低起伏的高峰或矮丘。

她家就在学校西侧不远处那青黛的山脚下。

我在旅行杂志印刷精美的摄影作品中欣赏过那令人心生向往的美景：春天，铺天盖地的油菜花，山坡下、屋檐前，斜逸出几枝落英缤纷的桃枝；初夏，明晃晃的水田间，白鹭扑棱着翅膀，掠向云雨缭绕的山际；秋季，金色的稻浪翻滚，弥漫着馥郁的、甜滋滋的清香，那丰收的陶醉，要胜过任何一种鲜花的芬芳；寒冬，无论是白雪覆盖大地，还是暖阳在湛蓝的天空将炫目的光环挥洒，藏匿于厚土中的生命从未消失……全都可以在这里尽情饱览。

大自然，对这片土地有着慷慨的赐予，它肥沃、丰盛，它宁静、美丽，它有着围困于钢筋水泥建筑与快节奏生活的都市人所向往的舒缓与生机。但是，生于斯长于斯的人们，却无不向往着冲出这藩篱，去往更广阔的天地。或是长久地离去，或是短时地告别。在人潮汹涌的城市和热火朝天的建设工地，有更多的发展空间和经济收入。

朱帆的妈妈也是其中的一个。

她颇为骄傲地与我分享了教育儿子的点点滴滴后，又轻轻地叹了口气，整个人便从昂扬的高亢掉落到了忧虑的低落中。她告诉我，过两天她又要出去了，老公在工地上接了活，她要去帮忙。

"到时候，还拜托老师多费心，严格管教。老师说的，他听；爷爷奶奶讲他，他是不信的……"

在谈话结束我准备回到教室去的时候，她的目光紧紧粘着我，仿佛我是她所有的希望，她一再地说："老师，都拜托您了。"

有一天我和朱帆聊天，想了解了解他和爷爷奶奶在家的生活情况。

他一开口便说："爷爷可凶了。"

他举了个事例，证明他所言属实：

邻居家一个小孩，经常来我家玩。这小孩很顽皮，有一天来玩的时候，把放在地坪竹筛里晒的黑豆都泼了出来。爷爷回来，看到到处滚落的豆子，问都不问，拿起扫把，就来打我。

"怪我没有看好豆子呀。这能怪我吗？我在楼上写作业，才刚刚下来……"朱帆吧唧着嘴巴，表达对爷爷的不满。

他在控诉爷爷时，语速很快，句子都缩成了一个个词语，像他所说的滴溜溜的豆子，在空中上下蹦跶。我不得不反复确认，才把事情弄清楚。我想起朱帆妈妈。她出去工作后，经常在班级微信群里留言，或者干脆直接打电话给我，询问儿子方方面面的情况。我发孩子们日常学习的照片，她要说"老师，帮我问问朱帆，他冷不冷，我看他只穿了一件衣服"；我发学生大扫除的照片，她要说"老师，有劳动的机会，多安排朱帆去，男孩子，就应该锻炼，他在家里很懒"；我什么也没发的时候，她打电话来问"老师，朱帆最近学习怎么样，有没有考试"……我以为妈妈对朱帆的管教肯定严厉，于是开玩笑地问，妈妈凶不凶？他马上辩白，妈妈可温柔了！

提到妈妈，朱帆脸上那愤愤不平的神色消失了，取而代之的，是猫儿被主人抚摸着的柔顺。

下午的阳光从围墙处直溜溜地扑过来。他对着阳光眯缝着眼出了会神，带着惆怅的神情。我想，这短暂的片刻，他的脑海里一定是浮现出了妈妈那笑眯眯的和蔼模样。

他收回目光，又转向我，仿佛从另一个世界回来。他笑了笑，神情落寞。

"妈妈不在家。"

"她还要过段时间才会回来。"

田野失足

上课前，一堆的孩子在操场上围住我。

"老师，等会儿带我们去外面跑步吧！"

说话的是学前班的一个留着短碎发的女孩，此时，她清秀的小脸蛋上红扑扑的，闪耀着兴奋的光芒。我被孩子们这"集体请愿"吓了一跳，看看眼前这个长相斯文还戴着一副矫正偏光眼镜的女孩，颇感出乎意料——我以为只有性格活泼好动的孩子才喜欢到田边、野地这种无拘无束的地方去。

其他孩子也一个个眼巴巴地望着。

我笑了。对这群学龄前的孩子，我的抵抗力几乎为零。

"你们也想去吗？"我问大家。

"想！"孩子异口同声齐齐回答，蹿上天空的声音里有饱胀的期盼和激动。他们知道，老师同意了！

当对于未知的恐惧消退后，"外面"的世界就有了巨大的吸引力。清新的空气，精彩纷呈的野地；可以迎着风尽情地奔跑，可以在粼粼水面看天空、白云和自己的影子；有毛茸茸、肥嘟嘟的狗尾巴草，不知名的黄的、紫的野花可以采摘；还有牛，有羊，有鸭子，有从头顶的天空飞过的小鸟；最最重要的，是有阳光，慷慨地、大方地，给予温暖，给予光明，给予不畏寒风的快乐心情——闭上眼睛，迎着太阳的方向，脑海里有七彩光环缓缓旋转。

我打算带孩子们走我午后散步常走的那条田埂，它深入到田野的腹地，和软绵的土地更接近。但那条水泥田埂狭窄得不到 30 厘米宽，两边的稻田不少地方泛着亮光，是浅浅的水渍。不到 6 岁的孩子走上去，是有一定风险的。考虑到安全问题，我反复叮嘱了几句——不要推、不要挤，看清楚脚下的路，小心走——然后，领着大家出发了。

师生们沿着短短的长着杂草的斜坡下到田埂。紧跟着我走在队伍前面的是男孩子们，他们顺利走过了长长的"独木桥"。那段路，像丝带般长而窄。队伍的后半截，一个平衡感较差的女孩子在看起来最危险的地带缓慢行走，阻滞了她身后的那部分女生。女孩低着头，小心翼翼地走着，并没有恐惧，也没有退缩，显出了与年龄不符的专注、沉着。

我和先通过的孩子们站在相对开阔的地方等待着。旷野的风静静地吹，吹散了零星的话语。突然，"啊"的一声惊呼，一把拽回了大伙儿的目光和注意力。我循声一瞧，左侧不远处，曾家淳掉进了稻田里。

曾家淳是个圆头圆脑的男孩儿。现在，他一条腿跪在泥土里，另一条腿叉成粗壮的一撇，支在跪着的腿的后面。因为一时大意，他一脚踏空，冷不丁从田埂上掉到稻田里，吓了一大跳，心脏怦怦怦跳得急。随着大家的目光聚集到自己身上，他回过神，看看周围的伙伴，揣摩着谁可以把他拉上来。可是，田埂和稻田落差有尺把高，谁也没有足够的力气。紧接着，他感受到了老师的目光。果然，不远处，老师站在三条水泥田埂交会的地方，看着他，辨不出喜怒。他心里咯噔了一下，想起老师带大家出来时挂在嘴边的话："走路要小心！掉到田里去了，老师不会来捡你哦。你要自己爬起来。"他迟疑了一下，趔趄着，努力站起来，手脚并用，自己爬上了田埂。

我默不作声，走过去，弯下腰仔细打量——没有受伤，但是膝盖处裤子被水浸湿，鞋子也沾了泥巴。

天气寒冷，得赶紧换衣服，我在脑海里迅速做出判断。

师生们的田野之旅就此结束。

回到学校，我一边安顿其他孩子，一边拨打曾家淳奶奶的电话，想让奶奶送衣服。电话打了几次，没有人接。

曾家淳在一边说："奶奶可能出去了，她出去的时候是不带手机的。"他的脸上还残存了讪讪的神色，觉得掉进稻田里是犯了个不小的错误。

我开着车，送曾家淳回去换衣服。曾家淳的家离学校不远，如果走路，出了校门左转，沿山坡脚下的小径前行不到500米，到一水波粼粼的大池塘，数栋农居绕池塘聚集成一个屋场——曾家塘。他的家在几栋房屋的最后面，依山势修建。如果是开车，就得从双板桥多绕行几百米。

算是轻车熟路，几年前，我曾经来这里做过家访，他的姐姐曾涵菲是我当时的学生。那个时候，曾家淳更小，刚学会走路不久，对周围环境兴致盎然，四处探索，奶奶则时刻保持鹰鹫一般的机警，在他可能遭遇危险时及时进行围追堵截。这些年来，姐弟俩的父母都在广东打工，爷爷又早逝，只有奶奶在家负责照顾姐弟俩。当然，要是遇到家里发生什么特殊情况，父母是会放下一切火速赶回的。姐姐曾涵菲读四年级时，有一天突然昏迷不醒，奶奶急得团团转，赶紧打电话给儿子，爸爸妈妈请了假，坐了最早的一趟高铁，第二天便赶到了湘乡市人民医院。县级市人民医院受医疗设备和技术的制约，没有诊断出确切的病因，幸好父母回来，当机立断，转到省城长沙治疗。一个多月后，曾涵菲康复归校，虽然大病初愈，身体有些虚弱，但幸亏没有错过最佳治疗时间，顺利康复，没有留下任何后遗症。

我和曾家淳在屋场入口下了车，走路穿过由两边排列的房子形成的窄而短的巷子，巷子尽头就是他的家。两层楼房，正中大门紧闭，奶奶果然出去了。周围转了一圈静无一人。我正发愁，曾家淳把眼睛从两扇门中间的缝隙移开，回头说："老师，我知道怎么开门。"

他往旁移了几步，踮高脚、伸长胳膊、叉开五指，在比他高了不少的窗台上左摸摸，右摸摸，摸出一把钥匙，熟练地打开挂着的门锁，推开了门。温和的阳光闯进了昏暗的堂屋。

他扭转身来看我，脸上有几分得意，一扫掉到稻田里时的狼狈。

回到家，他就活泼了。

他迈着欢快的脚步跑进堂屋西边的房间，把堆在床上没来得及整理的衣服一件一件翻了个遍，找出他的棉毛秋裤；然后来到楼梯口，在梯阶上排着的一列花花绿绿的众多鞋子中拿了一双小棉鞋；接着又"咚咚咚"地跑到楼上，在半封闭半敞露的阳台晾衣竿上找出一条外裤；最后，他马不停蹄地飞跑下楼，在一楼东侧房间的一个纸箱里翻出一双袜子。

我跟在他身后，从楼下到楼上，从这间房到那间房。我唯一伸手帮忙的，就是曾家淳在脱裤子时，因浸了水，棉裤和里裤、里裤和腿上的皮肤贴在一起，怎么使劲也脱不下来，那时，我替他把裤管往下拉了拉。

我默默地看着他，这个只有五岁的小男孩，独自完成找衣服、脱衣服、换衣服的整个过程。他的脸上没有忧愁，没有悲苦，只有"我很能干"的骄傲。

一直到锁门离开，整个曾家塘，都是静悄悄的。

我听不到其他人活动的声响。

语文课

你不得到学堂里困吧？

吃过午饭，奶奶收拾了几件孙子的换洗衣服和一张单人床凉席，准备送去学校。孙子李谨顺在上山学校读三年级，寄宿于学校。

别的奶奶不挂心。她听李谨顺说，学校伙食不错，每餐好几个菜，把就餐的四方桌摆得满满当当，相比家里每餐不过两个菜甚至有时只是一口剩菜好得多。一桌八个同学，因为大伙儿争着抢着吃"眼红食"，在家里只吃口"鸟食"的李谨顺倒比原来吃得多了。学习也有老师管，省得自己像公鸡打鸣一样抻着喉咙长一声短一声催促，嗓子冒烟了他都不理不睬。目前，奶奶担心的是，遇到气温骤变忽冷忽热，没人提醒李谨顺及时加减衣物，得了感冒，又要送去诊所打针吃药；此外，还有个大问题，那就是孙子的个人卫生。

孙子回家时，奶奶问他在学校是不是每天洗脸、洗脚了，他回以干脆利落的两个字——没有。奶奶再苦口婆心说点什么，他就扔给奶奶一句"我才懒得洗"，理所当然的神气，丝毫不把它当回事。天气渐渐热了，奶奶害怕孙子在校期间真不洗澡，身上会有臭味，惹老师、同学说闲话，想让他中间回趟家，奶奶亲自给他洗个澡。

大清早，太阳还休憩在云层深处尚未苏醒，奶奶趁忙碌的一天还没正式开始，连打了两个电话给老师，想跟老师请假，让李谨顺今天回家。她还想和老师说好，以后的每周三都让李谨顺回家来洗澡。电话通了，响了很久也没人接，过了一会儿，她又打了一个，还是没人接。等奶奶从菜地里劳作出一身微汗回来，爷爷告诉她，桌子上的手机响了很久。她翻看未接来电，回过去，还是没人接。老师大概上课去了吧，她想。不如干脆自己走一趟，到学校去给孙子洗个澡，顺便把凉席送去。

奶奶拿绳子捆凉席时，一旁，轮椅上的爷爷开腔了：

"你不得到学堂（学校）里过夜吧？"

奶奶抬头瞥了爷爷一眼，屋内光线暗淡，浓淡不均地撒在这个羸弱的老人身上，她能听出丈夫讥诮语气下像孩子对母亲一样强烈的依赖。但谁也没有说穿这一点。

"嗯咯，我要到学校困。"奶奶又好气又好笑，不咸不淡地怼了一句，弯下腰，继续捆扎席子。

爷爷愣愣地看着奶奶的手，那只苍老的手拿着绳子迅速在卷成筒状的席子上绕了几个圈，打了个结。奶奶也老了。

"怕要到5点钟才会回来吧？"

这一次，爷爷不再把自己武装成一只刺猬，而是小心翼翼地向奶奶求证。

每逢奶奶有事外出，爷爷都会流露出对奶奶的依赖。平时，作为一个因瘫痪而不得不被禁锢在轮椅上的病人，他对命运的不甘、愤怒、绝望，以及内心的软弱，是通过怒火来体现的。奶奶当面多半顺着他，但偶尔也跟人倾诉，说老头子自从得了病后脾气大变，"咒死人"。

周末或放假，李谨顺回家来。他喜欢到爷爷跟前伸脚动手晃荡几下，爷爷经不得惹，开口就怒喝"要捶死你"！小孩子不懂爷爷为什么这样暴躁，要不嬉皮笑脸扮着鬼脸继续逗弄，要不恼羞成怒、不甘示弱地回敬"你来捶啊，你来捶啊！"一个叫骂不休，一个上蹿下跳，跟唱戏一样热闹，还是唱的武戏。奶奶一个头两个大，电话里跟在外地做生意的李谨顺妈妈埋怨了两句，话音未落，电话另一头的媳妇像点燃的爆竹一样炸开了："要李谨顺上全托！周末、放假统统不要回去！莫不是他把他爷爷气病的……"

学校没有全托，李谨顺照旧放了假就回家，爷孙俩照旧在屋里唱对台戏，鸡啊狗的在脚下"咯咯咯""汪汪汪"地配着音，奶奶则高一声低一声地劝阻孙子："不要吵你爷爷咧，等下你又惹他发火。"

爷爷原本的脾气并不差，至少是不轻易骂人的。他像头兢兢业业的老黄牛，勤恳地耕耘着生活这一亩三分地，养大了一儿一女。女儿出嫁了，儿子娶亲了，日子过得说不上红红火火，但也还是一分耕耘一分收获，有奔头。

一场疾病，夺走了爷爷所有的希望。两年前他中了风，得了偏瘫，不仅花光了家里辛苦积攒的一点钱，从此，还被禁锢在一把小小的轮椅上。田里、土里去不了，出去打零工挣几个汗水钱更不用想，甚至，连吃喝拉撒这样的事都得靠人了，他成了一个废人。

一天一天，他心里的悲哀、不甘、愤怒，越积越重，郁结在心里，变成了一头狂躁的狮子，时时想要破门而出，又时时因撞得头破血流而陷入更深的绝望的谷底。

因为爷爷这一病，加上爸爸的身体一直以来也并不强健，不能充当家庭的顶梁柱，家里的经济状况顿时陷入了窘境。

好在天无绝人之路，媳妇娘家姐姐、姐夫在湖北做甜酒生意，生意不错，喊小两口去帮忙，算是帮衬妹妹、妹夫一把，在那边总比在家里没个固定职业能多赚几个钱。儿子、媳妇带着两岁的孙女北上湖北去挣养家糊口的银子，留下奶奶在家负责伺候老的、照顾小的。

照料病人、管教孩子、做饭、洗衣、种田、种菜……从早到晚，这个五十多岁的妇人拖着疲累的脚步，像绕着磨盘转的驴子，不知走了多少万步、消耗了多少卡路里。她一天天地瘦弱，又默默地承担老天的安排，觉得这一切都是命。她感到日子难熬，心里生出许多哀怨悲戚来时，就会暗暗拿同生产队中的几个不幸的家庭相比。那些家庭里有年纪轻轻的后生崽在外头死于非命的，甚至还有一户，单留下老的，下头两代小的都死了。这样一对比，自己家的情况就算不得什么了。

奶奶认命了，但这并不意味着生活的担子会减轻，每天要做的事情会减少。孙子李谨顺还不懂事，单是管他的学习，喊他写个作业，要撵着屋前山后满世界跑，可气的是，追了半天，弄了个上气不接下气，还追不上；叫他洗把脸吧，要左一句右一句，喉咙都喊哑，半天才心不甘情不愿磨蹭着过来，让奶奶在他脸上擦两把；他还时不时耍点小脾气，扔下几句"要你管""不关你的事"之类的宣言大摇大摆地走了，顶撞得奶奶心口发闷、嘴里发狠，"不要我管，好咧，要你妈妈来管"；老伴呢，事事都要照料不打紧，没得一句体贴的话也就算了，而且，脾气反复无常，有时痴呆不语，喊也不应答，有时突然悲从中来，一个人淌眼泪抹鼻子，有时又横眉竖眼，咒娘骂起老子来。奶奶端水给他洗脚，水温稍高一点，他就扯开嗓子冲奶奶吼："你是要烫死我吗？"

爷爷被偏瘫监禁于轮椅，奶奶又被爷爷牵绊于以家为圆点的一个小范围。他们都失去了自由。

两年来，奶奶连近在咫尺的娘家兄弟家都没去过了。极少的时候，她到镇上去赶集，购买生活用品或者种子、秧苗之类的农用品，老头子心里不安稳，问她："你怕要去几个钟头吧？"她晓得，老头子害怕一个人守着空荡荡的家，害怕她扔下他不管，害怕屋里屋外、前山后坡阒无人声，他眼中盼望着她回答"不得咧，我飞快地就会回来"。可是，以她的腿脚，走出生产队到村口县道至少得花半小时，中巴车多长时间来也没个准，到了花坪农贸市场，买了东西，再等车、坐车、走路回家，没两三个小时肯定是往返不了一趟的。她能回复老头的，只能是"你安心在屋里，我总要回的"。

上一次去赶集，运气好，她在集上买了需要的东西，凑巧碰上了屋门口的熟人，搭人家摩托车回的，节省了一个多小时。她和邻居道完谢，转身往家走，前方，空旷的地坪里只有老伴坐在轮椅上那孤单的身影，然而，他的面色却有几分欣喜。

他远远听到她那熟悉的声音，看到她的身影慢慢地、一点点从坡下出现，呆滞的眼里，蹿起一抹亮光——爷爷本以为自己还要忍受一段时间的孤独与猜测的煎熬，奶奶提前回来。这静得让人发慌、发疯的房子，又有了人的声响和生气，这一瞬间，爷爷真切地感知到，自己还是个活人。

除此之外，奶奶的外出活动就是每周一清早送孙子走出村子，到路边搭车去学校，然后每周五下午再到村口接孙子回家。

放学时间，她早早地在村口等着。有时，不用等太久，车来了，几个小孩从尚未完全停稳的车上一蹦就到了路面，其中就会有她的孙子。她迈着急促的碎步子迎上去，一面冲孙子责备"你也等车停稳啊"，一面伸手接过孙子背着的书包、提着的袋子，袋子里有他在学校换下来的几件脏衣服，需要带回家来洗。有时，她左顾右盼，眼睛都望穿了，车过了一辆又一辆，却没有一辆在她眼前停下，没有一辆车有孙子从里面下来。等得久了，她会问从学校方向过来的骑着摩托车的熟人："看见俺屋里李谨顺了吗？"

对方扬着脸，嘴往后一努，回答："看见了，看见了。他在走路。"

从学校到村口，大约6千米。车里乘客多，坐的坐、站的站，挤满了一车的时候，司机就不停车了。孩子们搭不上车，三五几个一伙，靠两只脚走路回家，走上一个多小时也能到。几个孩子一路说说笑笑，倒也并不孤单害怕，只是肩膀上的书包有点沉。到了后半截路程，随着太阳西斜，已是个个满脸通红，头顶冒着热腾腾的白雾。此时，他们已顾不上说话，只憋着一股劲儿埋头赶路。

途中碰到家附近的大人们骑着摩托车经过，会顺路把孩子捎上一段带回家去。李谨顺性格内向，除了在表面凶、实则宠的爷爷、奶奶面前显露男孩子顽皮的天性外，在别人面前都沉默寡言。碰到他认识的叔叔伯伯经过，他不会主动上前叫唤；别人认得他、他却不太熟悉的乡里乡亲，热心召唤他，让他搭摩托车，省点力气，但他话也不回、脚也不停，只顾埋头自己走自己的。

到学校去，对奶奶而言，是矛盾的。她可以去看看几天未见的孙子，可以偷得两小时的松快到外面透透气。可是，她又不得不匆匆往返，毕竟，家里有个病人，她怎么能放心呢。

奶奶把所有的东西都收拾好了，衣服用一个半旧不新的粉红色硬塑料袋装着，席子卷成筒，用麻绳捆了直接拎在手里。

她把老伴推到堂屋靠大门处，说："我给李谨顺洗了澡就回来，不得要好久。"

爷爷坐在门口，目送着奶奶的身影消失在地坪下的斜坡处，他会坐在这儿一直等着，等着老伴回来。太阳的光辉从被群山围合的盆地高空洒下，落在屋子外的山坡、田地、竹林……

现在，是午后不久。

第二节课下课时间，李谨顺奶奶提着凉席出现在我房门口。

奶奶说，要帮孙子把床单换了，铺上席子。她又说，天气越来越热，李谨顺自己洗澡洗不干净，以后每周三放学后让他回去，她帮孙子洗个澡，李谨顺在家里睡一晚，星期四早上再来学校。

我听了，虽然觉得不太妥当，但家长这么要求，也只好同意。

数学课

被「寄」的王磊

早上七点半到八点，当曙光拉开一天的序幕，公路分岔前往育塅示范学校的路口是繁华甚至拥堵的。上班的、送孩子的、直行的、拐弯往塘基小路去的；汽车、摩托车、自行车、行人，熙熙攘攘十分热闹。

约我的朋友站在路口早餐店的屋檐下翘首张望，看到车到了跟前，赶忙从人群中挤过来。她一手提着装包子、豆浆的塑料袋，一手拽着一个瘦瘦的男孩。男孩瞪着圆溜溜的眼睛，几乎是一路小跑跟着她。走到车前，她隔着打开的车窗匆匆忙忙和我交代几句，说这是她妹妹的儿子，在我们学校读一年级，叫王磊。

她请我把孩子带到学校，交给刘老师。他爸妈出去打工了，周一到周五寄在刘老师家。一个"寄"字从她口里轻若无物地飘出，落到我耳里，却发出"咯噔"一下的碰击声。我感到一阵难过——用在此处的"寄"，使我直觉地想到孤苦的"寄人篱下"。一些父母外出打工又无至亲方便照管的孩子，今天"寄"到东家，明天"寄"给西家，过着居无定所的"流浪"生活。

她将包子、豆浆递给我，一边拉开车门，推着男孩上车，一边吩咐他："叫老师，这是你们学校的老师。"

王磊不回应，爬上车，一声不响地坐下。车又缓缓汇入车流，反光镜里，姨妈摆着手，冲他大声叮嘱："要听话哪，好好读书。"

　　到了大育桥的塅里，我才回过神来，意识到王磊的年龄还不能坐在副驾驶的位置。只是时候不早了，又是行驶在并不宽阔的县级公路上，前后赶着上班的汽车、摩托车都不少，我犹豫了一下，打消了停车让他坐到后排去的想法。

　　车内静默着。

　　已经开过育塅派出所，王磊还是保持沉默，连声清嗓的咳嗽也无。他笔直地坐着，不过，与其说他坐姿端正，倒不如说他姿势僵硬——大半边屁股都悬着，只有尾椎骨周围一小块地方落在座椅上支撑全身的重量——他眼睛一眨也不眨地盯着前方，以他的身高，坐在椅子上并不能看到风挡玻璃前的风景，所以，他不过是近乎呆愣地盯着副驾驶前没有变化的台面罢了。

　　我用眼角的余光瞥了他几眼，实在替他感到难受，就开口让他往后坐一点。他也不吱声，只用行动表示他听到了我的话——将上半身往后仰了仰，却并不挪动屁股，结果，摆出了一个比之前更辛苦的姿势。

　　我决定打破车内的低气压。

　　我逗他：你认识我吗？

　　他偏过头，目光直直地落在我脸上，似乎在用心识别，但许久都没有回应。

　　我换了一种方式：你见过我吗？

　　……

　　还是无言以对。

　　我锲而不舍：你觉得我眼熟吗？

　　车已经过扬名村的人口处。半晌，他从喉咙深处挤出"没想起"几个字。声音含糊低沉，像闷在瓮缸里。

不过，这于我却是难得的突破。我赶紧跟上：我是你学校的老师哦！

他脸上瞬间有了光彩，声音也清脆了："上山学校吗？"

"对呀，我是二年级的老师，以后你见到我，就叫冯老师，知道吗？"他点头，与年龄不符的木讷神情里添了几笔生动的色彩。对多数孩子来说，提到自己学校的老师，都会有一种自然而然的亲近感。

打破壁垒后，我们逐渐开始了顺畅的交谈。

开学没几天，爸爸妈妈出去做事了。具体在什么地方，他说不清楚。一个刚上一年级的乡下孩子，分不清省份、看不懂地图，甚至还没有分辨东西南北的意识，他只知道"出去了""很远""要好久才会回来"。上学的时间段，妈妈把他"寄"在刘老师家，他和另外几个同样被寄的孩子，在刘老师家吃饭、写作业、洗漱、睡觉。星期五放学的时候，他回到自己家，家里有年迈的爷爷奶奶。姐姐两个星期回来一次，她在城里读初中，放半月假。如果时间、地点都凑巧，舅舅从更远的安乡村上街（进城）时，会顺路把他捎到城郊的姨妈家住两天。

"你想妈妈吗？"我问他。

他不假思索地回答："想！"

"想"的读音，吐字分外清晰，如同一颗富有弹性的跳珠从嘴里蹦出来。只是，话音一落，他便向右撇开脸，不再面对我。

车窗外，楠木寨峰峦层叠。初冬郁苍黛青的树木，静立在山间，如同一位位经历沧海桑田的老者，无喜无悲，超脱尘世。

王磊身上那活泼的光彩，一点点黯淡下去。

他又归于不言不语、一动不动的状态。

从外地转回来的大男孩

雨停了，水泥地面残留着一摊摊的水渍。

天色将黑未黑，校园蒙上了一层黑色的透明薄纱。教学楼和宿舍楼几间房子亮着晕白的节能灯，支撑出一两点清冷的光亮。

暮色静寂着。泥土、树、房屋、栏杆……随着太阳的西沉，所有的物，都跌入了无言的缄默。

只有一处热闹着，围绕着它的点分别是寝室、围墙、食堂、厕所。

在学校寄宿的学生，从6岁到12岁的都有。吃过晚饭，大大小小的孩子们提着桶、拎着脸盆，飞跑着到厕所旁边那巨大的鼓桶状太阳能热水器下面接上热水（当然，这种天气，太阳能热水器变身为了电热水器），露天洗起脸和脚来。

接了水后，勤快的孩子会把脸盆端到一旁的水泥乒乓球台上，而贪图省事的家伙则将脸盆直接往地面一放，蹲下身子便洗起来。年龄大的孩子行动起来相对干脆利落：将浸在水里的毛巾一提、一卷，使劲拧干水，在脸上胡乱擦两把，毛巾往脖子上一甩或往臂膀上一搭，再把洗过脸的水往穿着拖鞋的脚上一冲，算是圆满完成了全部的洗漱任务。也有讲究的，洗脚时把水倒进桶里，整个人都站到桶内，两只脚在水里交替踩一踩、搓一搓，力求洗干净些。年龄小的孩子力气有限，拧不干水分，毛巾往脸上铺时，总要湿淋淋地往颈部和胸襟处滴水。结果，洗漱完毕，袖口、衣襟或领口，总要被洇湿几处。

刘铭扬是个"讲究"的大男孩儿。

他仔细洗了脸和脚，把洗漱用品放回寝室，往脸上抹了点儿郁美净儿童霜，然后拿着自己的水杯，准备到食堂接好开水去教室上晚课。

他的卫生习惯得益于多年来和爸爸妈妈的共同生活。爸爸妈妈一直在广东打工，光阴荏苒，从小萝卜头到茁壮的小树苗，从学前班到小学四年级，他在爸爸妈妈的羽翼下长大了。现在，爸爸妈妈继续留在广东，而他转学回到老家，在上山学校读五年级。

他在食堂门口撞见了提着开水瓶出来的冯老师。因为学校有寄宿生，老师们轮流值晚班。他在距老师几步远的地方停下，轻轻地、恭敬地，说了句："老师好！"

一开始，他在校园的每个地方、无论碰到哪个老师都会用普通话这样问候一句。他也能说家乡土话，但不流利，有点蹩脚。可是，慢慢地，他不经常这样问候了，不是所有的老师，都会像冯老师那样，认真地注视他一眼，露出一抹虽然浅淡但很温柔的笑，回应他："你好！"

他的问候引起老师对他的短暂注意时，他是紧张而欢欣的。他可以感应到从老师眼里传达出的友好和善意。

这不是他第一次转学，之前，爸爸妈妈更换工作，也要更换租房的地方，就会把他转到距离近的学校。不同的是，那时候，他是爸爸妈妈的小尾巴，一直跟在父母身后，到一所新学校，也不会特别害怕。现在，他离开了父母，一个人回到老家，需要融入一个完全陌生的环境，他迫切地渴望着有更多的老师和同学能够接纳自己。孤单，是他近来最强烈的情绪。

他知道自己在新学校、新班级的同学中显得格格不入。一开始，大家用新鲜的、羡慕的、又隐含着排斥的语气对老师们介绍："他是讲普通话的。"一段时间后，在一次晚课上，他把当天的词语抄写拿到冯老师那里去检查，老师称赞他字写得工整，两个同学露出不以为然的神情，说："他好多题目都不会做。"

这是事实，他不能反驳。他感觉在湖南学习的知识要比广东难不少。他学不来某些同学，对有意无意拆他台的人露出龇牙咧嘴的鬼脸或奉送一个恶狠狠的眼神，但他很难过。他红着脸忐忑不安地看了一眼坐在讲台前的冯老师，发现老师并没有露出什么异样的神情，她笑了笑，说："只要努力就好。"他松了口气，踏实了。从此，不管一天下来，他会在校园里碰到几次冯老师，他都会行个注目礼，真心实意地问候一句："老师好！"

果然，同往常的每一次一样，冯老师看他一眼，微笑着回了一句："你好！"他的心又轻快了。

老师和他擦身而过，往宿舍那边走了。

他抬头望望天边，天际最后一抹青白也被黑暗完全吞噬，与之相反，随着夜色在悄无声息中越来越浓厚，教室里的灯光陡然精神振作起来，那明亮的光辉极力地穿透黑暗，投射给遥远的路人。

他接了水，提着水壶往教室里跑。班上有几个同学和他是邻居，往年，每到寒暑假，爸爸妈妈都会送他回乡下跟爷爷奶奶住一段时间，他跟这些伙伴们经常在一块儿玩，已经很熟了。伙伴们很羡慕他："你就幸福啦，你爸爸妈妈带着你去读书。"那些伙伴，和爸爸妈妈相处的时间都很少。条件允许的，放暑假时，爸爸妈妈会把孩子接到打工的城市，住一段时间，又送回来。还有的，爸爸妈妈一年到头只能回来过个春节，和孩子相处不过十多天。他在心里点了点头，暗暗对自己说，是的，相比很多同学，我是幸运的。

晚上的课间，我问刘铭扬，为什么转学回湘乡来读书。他说爸爸告诉他，那边的初中离父母工作的工厂太远，不方便。早晚要回来读初中的，提早一点回来适应得好。

想当隐形人的孩子

很多时候，陈仪婷希望自己是个隐形人。

我站在讲台上环顾教室时，目光无意中扫过她，多半情况下，她像只遇到敌人的刺猬，最大限度地把自己原本就瘦弱的身体蜷缩成极小一团。臀部只有不到三分之一的部分坐在椅子上，背部在椅背和椅面各靠一半，除了动作是向内卷曲，整体形象类似响当当的"葛优躺"。我不由为她暗暗捏把汗，担心她随时可能会滑到桌子底下去——如果可以，她一定乐意这么干。我有时会间接提醒，对着全班同学说"看看哪个同学坐得最端正"，别的孩子立马把腰杆挺得笔直，个个像凯旋的士兵，昂首挺胸，等待你的检阅，而她只是稍稍把屁股往上挪了挪，将背部往前往下压，弯曲成弓形，缩着脖子，让脑袋尽可能地以零距离搁在肩膀上。她之所以会在这时调整一下姿势，不过是另一种隐形术罢了，毫无反应，会让自己在满教室的同学中显得过于突兀。

她的隐形术是成功的。

当我观察到她上课坐歪斜了、神游物外了，想点她的名提醒她时，在相当长一段时间里都记不起她的名字。后来，我采用委婉一点的方式，比如说提一个简单的问题让她回答，想通过这种方式让她漫游的思绪回到当下课堂的情境中来。结果，众目睽睽之下，她睁着一双迷蒙的单眼皮小眼睛，茫然四顾。旁边的同学往往比她着急数倍，看她半天不吭声，胆大一点的，猫下身子、压低声音连连提示"老师问你……"而她呢，得等到有好几个热心的小家伙轮番提醒，才会回过神来，唯唯诺诺站起身，迟疑半晌，终于发出比蚊子大不了多少的声音。我克制着跳脚的冲动，耐着性子，走到她跟前，伸长脖子、竖起耳朵，再仔细辨别她发音的口型，连蒙带猜，才能估摸出她回答的是几个什么字，最后帮她重述一遍，好让其他同学听见，把课堂教学继续下去。这还算好的。有时，她干脆一言不发，只拿一双受到惊吓的眼睛呆怯地望着你，叫你再气再急也只能压在心里，发作不得。

当然，更不用想她下课的时候，会像多数学生一样，有事没事往你跟前凑。哪怕有时师生几个聚在教室里聊得笑声阵阵，气氛像冬天燃烧的火焰般热烈，她出于孩子好奇的天性，偶尔在圈子的外围远远看上一眼（这实在是平淡堪比白开水的一眼），也不会向圆圈中心再靠近一步。多半，看过一眼之后，她就转身离开了。

无论如何，她都不会想要引起你的注意。

出于职业习惯，我往往会通过眼前的学生，去联想孩子背后对他（她）性格养成十分关键的父母和家庭。什么样的家长居然培养出了这样一个恨不得自己在老师面前具有隐形功能的孩子呢？是性格过于老实木讷的"老式农民"？还是智力或身体某方面存在一定问题的残疾人？总的来说，估计是头脑不大活泛、生存能力差、在邻里乡间不大被瞧得起的一类吧，他们自卑、敏感，因为不想受到嘲弄和伤害，干脆尽量削弱自己的存在感——这样的家庭，在我的教师生涯中是见过的。

不久后，我对之前的猜测打了个问号。

我准备在二年级成立班级图书室，要求加入的成员每人交10块钱，用于购买图书。通知发下去才过了一天，陈仪婷就把钱交了上来。这让我倍感意外。加入班级图书室是自愿行为，看课外书，还要交钱，不少农村家长不能理解，不会很支持。就算拗不过孩子的吵闹，可能也会要发发牢骚，拖延一段时间观察观察形势再说。没想到，陈仪婷的父母会这么爽快地让她把钱带来。

看来，让她想变成隐形人的，不是贫困。

不久后的一天晚上，陈仪婷的妈妈申请加我微信。

她用的是自己的正面半截照做头像。这是个相当年轻的女人，留着颇为流行的"波波头"，面如满月，一副细框眼镜下是和陈仪婷酷似的细长单眼皮眼睛，时尚的装扮中隐隐流露几分冷傲。从照片来看，这不是一个长期生活在农村里的女人。

这个信息，颠覆了我之前的猜想。

她在朋友圈很活跃，时有刷新：商业信息、情绪感受、令人羡慕的小资生活……但我没有发现和陈仪婷有关的任何内容。

她在微信里问我关于她女儿的学习情况。我告诉她陈仪婷性格内向、学习比较吃力，希望她多多开解、辅导。

网络像一根无形的线，她在线的遥远的另一端跟我解释：我在外地工作，回家少，没办法管她。她爸爸在家的时间倒是多，不过他不会教育孩子，动不动就吼她骂她。还请老师多多费心，陈仪婷的教育就全拜托老师了！

全拜托老师了！

——这是我听过的学生家长对我说得最多的一句话，也是许多学生家长特别是留守学生家长的希望（并不是全部），哪怕老师一再和他们强调——父母是孩子的第一任老师、父母对孩子的影响是任何老师也取代不了的、同一个老师会教出千差万别的学生……

　　既是观念、亦是能力局限性使然。

　　这次交谈之后，我们之间的对话框长久地沉寂了。妈妈再也没有向我询问过女儿在校的任何情况。

　　陈仪婷，还是那个时刻屏息敛气，隐形着自己的瘦小女孩。

分作三处的小家

刘洪是四年级学生。

昨晚我在学校值班，给寄宿生上课。晚餐时，我正要去拿凳子，一个男生连忙站起来，把自己坐着的凳子递给我。

师生共用的餐厅里放的是四方餐桌，配塑料高凳。用餐后学生们把它们一条、两条、三条、许多条套放到一起，再用力摁严实，垒得如陡峭的高峰，取凳的时候颇要靠点运气，有时能很轻松地拿出上面两条，那是学生身高够不到去拍打摁紧的，有时就得拉啊、拽啊、掰啊，好好费一番功夫。

我推辞了一下，但男孩动作坚决，直接把凳子往我手里一塞，就离开了。他转身走到墙边那高耸的凳子堆前，再一次将上蹿下跳取凳子的流程进行了一次。

整个过程，他表现得很自然，并不像期待我夸他一句的样子，他也不是我的"嫡系"学生，用不着讨好我。尊重也好、照顾也罢，这个十来岁的男生，隐隐有点小绅士的涵养，光凭这一点，就足以让他在四年级那群"野孩子"中脱颖而出。

我留意了他，知道了他的简单信息——四年级，刘洪。

晚上第二节课，到三楼的多媒体教室看电影。

课前，我去开门，几个男生紧随其后，在门口围成一团，闲聊的话语有一句没一句地传到我的耳里。

"后天我回去就可以……"

"想得好咧，后天就想回去？"

"后天星期五，是可以回去了呀！"

……

门开了，打开灯，黑暗静寂的多媒体教室瞬间光明透亮。身后的学生停止了交流，一窝蜂地拥进教室，四散开来，又从不同方向占据了共同的"阵地"——屏幕正前方的几排座位。

早早进来，是想占据看电影的理想位置。我看了看，基本上是四年级的男生，刘洪也在其中。

春风浩浩荡荡，从学校前面夜色笼罩的原野一路奔跑而来，挨着地面从刚打开的门口鲁莽地撞进来。风在室内转了一圈，灯光下只有老师和几个孩子，它侦察清楚，又一溜烟地原路退了出去，往别的地方打探了。

还有几分钟，我问刘洪："你爸爸妈妈在家吗？"

他看我，摇头，其他七八个学生也看看我，一个个地摇头，并不用语言回答。一会儿，大伙儿好像突然回过神，一起指向其中某个男孩："只有他爸爸妈妈在家。"

在大家的目光下，男孩有点不知所措。显然，对于这样的与众不同，一时之间，他不知道是应该感到骄傲还是惭愧。

我爸爸妈妈都在广州。

我爸爸妈妈在湖北。

……

孩子们说开了。

刘洪："我爸爸在长沙，妈妈在贵州，我妈妈家里是贵州的。我和爷爷奶奶在家里。"

我笑了笑，说："你们一家三口，就在三个地方啊。"

他睁大眼睛，凝神想了一下，似乎是第一次意识到这一点。接着，他也笑了。他很平静，这种生活状态已经很久了，久到他认为和爷爷奶奶生活在一起，是天经地义的事情。

想要【轻松阅读】掌握留守学生的现况？
还是【高效阅读】快速了解留守学生存在的关键问题？
或者【深度阅读】，阅读同类延伸作品？
微信扫码，定制专属于您的本书阅读服务方案

数学课

爸爸妈妈要来接我

如果静下心来细细聆听,无风无雨也没有阳光的初冬校园在孩子们欢声笑语之外,还能听到另一种婉转清脆的声音,那是繁茂的枝叶间传来的啁啾鸟鸣。音调时长时短,有时是一声悠远的独鸣,有时,是争先恐后的急促的应和。它们不停变换着节奏,仿佛是在音乐厅的一场正式的演奏。

我站在廊前,凝望着前方。沿着我的视线往前,是校园东墙外的小山坡——一片自然生长的竹林郁郁葱葱,竹林边缘一棵高大的泡桐、一棵看似营养不良的桃树、几丛低矮的杜鹃花以及一些我不大叫得出名字,也没去仔细辨认过的灌木、藤萝缠绕在一起,覆盖出一片苍翠清冷的绿意。不过,其实我并没有在看什么,我的耳朵在专心倾听鸟儿们演奏的冬之欢。

"老师!"

一个男孩从走廊经过,身影本已经要消失在墙角,又退了回来——他看到了一个人静默站立着的我,便唤我。我对他笑笑,带几分应付。

他不满意我的心不在焉,加大音量,用力地再一次呼喊,这次加上了姓氏——"冯老师!"

我把注意力从不知来处的鸟鸣转到眼前这个有着一对酒窝的男孩身上，他正瞪着一双圆溜溜的晶莹的眼睛执着地望着我。我明白不能再敷衍他了。我带着几分慌乱在大脑里努力回忆他的名字。我认得这是我一周执教二节课的学前班的小朋友，问过两次姓名，但因为记得不太清楚叫错了而被他严肃地纠正过。

终于，我想起来了，一字一顿喊出"杨——浩——荣"。

他马上咧开嘴笑了，露出一口小孩特有的稀疏的牙齿。他对老师能正确叫出他的名字感到非常满足、非常自豪，响亮地回答了一声"是"！

这是学前班的杨浩荣，虽然我喊他的名字还不顺畅，但其实他给我留下了比较特别的印象。他穿着整洁，脸蛋干净，每次我走进教室的时候，他总是两臂叠放、腰杆挺得笔直，端端正正地坐在课桌后的小木板凳上，一双黑葡萄般的眼睛紧紧盯着老师——我知道，他希望老师的目光可以落在他身上或在他身上多停留一会儿。除了衣服色泽稍微有些泛旧，他不大像个习惯在地坪里摸爬打滚的农村孩子。

我奖励过他好几次糖果，表扬他坐姿端正。

小男孩陪老师静静地站了一会儿。

他很享受单独和老师相处的时间，难得有老师一个人又什么都没在做的时候，这静谧又安宁的气氛让他很想把心底的秘密倾诉给老师听。

他扑闪着眼睛，开口了："过几天我就要到别的学校去了。"

杨浩荣的话使我吃了一惊。但是，我转眼又想，在外地务工的父母把孩子带到身边去读书的现象也是常有的。一方面，我很为孩子的成长可以得到父母的陪伴而欣慰，另一方面，想到以后不能再在校园见到这个可爱的小男孩，心里竟生出些不舍,等等,"过几天"是怎么回事?现在还远没到学期结束的时候,难道是男孩的父母在那边的学校打点好了,让他中途插班吗?

"我爸爸妈妈说了,要接我到他们那里去读书,在广东。"

"过年,过年他们就会回来,回来接我。"

"想啊,我想到爸爸妈妈那里去。"

……

我看着这个男孩儿。他仿佛在和我说话,又仿佛是自言自语;他的眼睛好像在望着我,又好像透过我,投向了一个远方。他脸上浅浅的小酒窝里溢满了梦幻般的幸福。

也许,此时的他正憧憬着爸爸妈妈陪伴的场景——游戏、学习、生活……爸爸妈妈牵着他的手,左边一个、右边一个,小小的他,在中间,像颗欢乐的小豆子不停地蹦跶。睡觉时,他要躺在妈妈的怀里,做香香甜甜的梦。妈妈的怀抱,那样软和,散发着淡淡的馨香,是全世界最最最舒适的地方。

几年过去,杨浩荣读三年级了,依旧在上山学校。

国庆节，妈妈带我上街玩去了

儒心缓缓睁开眼睛。

首先映入眼帘的是天花板，灰白的色调，仿佛涂抹上去的石灰一直没有干透，带着潮湿的暗沉。她转了转小脑袋，房间的另一头，晨光从没有悬挂窗帘的铝合金窗户直直扑洒过来，落在窗户边一张略显陈旧的米黄色化妆台上。她眯了眯眼睛，想起来了，这是在家里，妈妈的房间。

老师说，国庆、中秋加两个周末，一共可以放8天假。

昨天下午放学的时候，妈妈到学校来接她。

妈妈牵着她的手，走在田野的小路上。小路铺了水泥，十分平整、洁净。空气里密密麻麻挤满了甜香的像海绵宝宝一样可爱的稻谷芳香，圆嘟嘟的、笑眯眯的，你推我搡，笑着、闹着。放眼望去，金黄的田野像浩渺无际的大海，起伏翻涌的稻浪几乎要把她和妈妈都淹没了。但她不怕，她觉得自己和妈妈是两条生活在海洋里的鱼，可以在波浪中自由穿行；她还觉得，自己不仅是条鱼，而且是一条飞鱼，不但可以在水里畅游，还能在天空展翅飞翔。

现在，她的脚步分外轻盈。只要拂过一阵轻风，她一定会生出一对蜻蜓的翅膀，绕着妈妈翩跹起舞。蜻蜓的翅膀是晶莹剔透的，就像天使。

她就是妈妈的天使，对不对？

天空淡蓝，太阳晕染出一圈圈橘黄的光，照得修长的稻叶熠熠生辉，映得妈妈鼻梁上的汗珠像钻石般闪着光亮。妈妈一手提着崽心带回家要换洗的衣服，一手拽拉着她，以免她快乐得真的飞起来了。那她会像氢气球，升上天空，飞到遥远的天际。

两只手都不空闲，妈妈还不嫌累，嘴巴像鱼儿一样不停地一张一翕。

"崽崽有没有想妈妈！"

"崽崽有没有好好学习！"

"崽崽有没有听老师的话！"

……

她咯咯直笑，清脆的笑声比枝头小鸟的欢唱更喜悦、更满足。

老师说希望同学们做展翅翱翔的雄鹰，所以，从小就要培养独立自理的能力。当时，她睁着一双无瑕的眼睛望着老师直点头。从上小学一年级开始，妈妈就去广东打工了，广东也是外婆的家。她被放在学校寄宿，必须得自己照顾好自己。现在，她读三年级了，已经可以像个小大人一样有模有样地照顾比自己更小的学弟学妹了呢。不过，今天，妈妈回来了，就在身边，手心热乎乎的、软绵绵的，正紧紧攥着她的小手。那么，不做雄鹰，做一只躲在母鸡羽翼下被呵护的小鸡崽更好呀……

想到这里，她觉察到身边空荡荡的。

昨晚，她很亢奋，一直忙忙碌碌，像只勤快的蜜蜂。她给妈妈盛饭、给妈妈泡茶，妈妈洗衣服时，她"噔噔噔"地楼上楼下各个房间跑个遍，把散放各处的衣服收拢来交给妈妈放到洗衣机里，她还让妈妈坐在靠背椅上，给妈妈捶肩捶背。读幼儿园的弟弟也挤呀挤的，想插到她和妈妈中间来捣乱，其实，弟弟根本就不会捶……

后来，月亮从树梢升上了头顶，山林沉进了睡梦，她终于扛不住疲倦，打了个哈欠，紧紧地抱着妈妈的胳膊，陷入了香甜的梦乡。

妈妈呢？

她一惊，猛地从床上坐起来。

下楼，右边尽头的灶屋间炊烟弥漫。

灶台边，妈妈影影绰绰的身姿来回穿梭。她眨了眨眼，又眨了眨，她唤了句："妈妈。"

那声音轻轻的、低低的，带着小心翼翼试探的味道。妈妈抬头，循着声音瞧过来，笑了。那笑容仿佛是在阳光照耀下盛开的花朵，灿烂张扬的色泽穿透袅袅的白雾，落在她忐忑不安的心底。她一下就踏实了、安稳了。

"妈妈。"她又唤了一句。声音清晰欢快。

她飞奔过去，一把钻到妈妈腋下，搂着妈妈，脸蛋在妈妈身上蹭了又蹭。那里软软的、香香的。

不是梦，妈妈是真的回来了！

"小懒虫，快去洗脸刷牙，吃了饭，我们到街上去玩。"妈妈扭头瞅了瞅粘得跟蚂蟥似的女儿，有甜蜜，有心酸。

假期结束，回到学校的儒心告诉我，国庆节，妈妈带她到街上玩去了。中秋节过后，妈妈又去了广东。

大课间

妈妈今天出去

曾燕过了个很愉快的寒假。

假期的愉快一直延续到开学第十天。

爸爸妈妈这次回来，陪了女儿整整三十二天。

妈妈牵着八岁女儿的手，在集市上转了个遍。今天镇上赶场，集市上很热闹，卖各种零食的、衣服鞋袜的、花苗树苗的……看得曾燕眼花缭乱。她和妈妈在人群车流里来回穿梭，这里看看，那里瞧瞧，两人手里提的各种食品袋越来越多、越来越沉。

她仰起头，不解地问："妈妈，买这么多吃的干什么啊？"

"给你和爷爷吃。"妈妈随口答了一句。

母女俩站在一个食品摊位前，摊子是由两条长高凳、几块木板临时搭建的，上面挨挨挤挤排列着十几二十个塑料袋，分门别类地装着小花片、麻花、虎皮花生豆、兰花豆……妈妈拿了块猫眼形状的油炸小花片嚼了嚼，小花片在口腔里脆声作响，她觉得味道不错，叫摊主称两斤。趁这个空隙，妈妈在女儿脸上巡览了一番，说："爸爸妈妈明天要出去了，买点零食放家里，你和爷爷慢慢吃。"

曾燕立刻噘起嘴巴，脸色黯淡下来，仿佛天边突然飘过一片乌云，遮住了明媚的阳光。其实，女孩儿心里一直是知道爸爸妈妈终究要出去的。从记事起，不年年都是这样吗？一年从头到尾，爸爸妈妈也就回来过个年。短则几天，多则十多天，就会出去。只是今年，爸爸妈妈陪她的时间长，她不由自主地忘记了曾经家里只有她和爷爷相依相伴的孤单。

爸爸妈妈是腊月二十三回来的。早一天从爷爷（外公）那儿得知消息，天还没亮堂，她就已经里里外外不知转了多少个圈，仿佛脚上装了弹簧，一蹦跶上了就没法停下来。直到晌午，兴奋到了极点的女孩才终于把拎着大包小包风尘仆仆归来的爸爸妈妈给盼到家。

接下来的日子，她成了一只无忧无虑的小鸟儿。身边有了爸爸妈妈，她什么也不用想、不用问，只管跟在爸妈屁股后头就是了。一家人先是在湘乡住了几天，然后爸爸妈妈带着她以及趁春节回家的哥哥，一家四口，一块儿去沅江过年。沅江是湖南的另一个县，爸爸的老家，在那里，她看到了不一样的风景，有了不一样的小伙伴，和叔叔的小孩们玩得非常开心。过完年，他们又回到了湘乡。

只要和爸爸妈妈在一起，不管身处何处，快乐都会像风儿一样相随相伴。

有一次，老师问："曾燕，爸爸妈妈回来的时候都陪你做点什么呀？"一时间，她哑然了。她仔细想想，在家的时候，爸爸看看电视、做点体力活，妈妈洗洗衣服，有时去打打牌，他们并没有特地为她做些什么。可是，当她写完作业抬起头，能看到妈妈在厨房忙碌的身影，心里就格外安稳；和爸爸一块儿守着电视机时，哪怕放的是爸爸爱看而她不感兴趣的节目，房间也就不那么冷清了；妈妈去双板桥打牌，她也跟着去，到那里和小伙伴玩耍，因为有妈妈带着，她可以放心地玩，爷爷也不用迈着年老沉重的步伐来寻找……

只要这样——能看到父母的身影、能听到他们的声音，看不到人听不到声音的时候能确定他们只是出去办点事，用不了多久就会回来，她就觉得很好很好。

所以，开学后，老师问："曾燕，你爸爸妈妈出去了吗？"她兴高采烈地回答："没有，还要过段时间。"她说过段时间的时候，并没有一个准确的概念。爸爸妈妈早就要出去了，但家里要打井，得等打井的师傅有空了，打好井再出去。这段时间她希望是很久很久，久到望不到、想不到的遥远。

可是有一天，妈妈对爷爷说："要是打井的师傅还没得空，那我们就等不了了。"妈妈又对女儿说："爸爸妈妈不出去赚钱，哪里有钱吃饭，哪里有钱供你读书呢？"

曾燕一垂头，红润的脸蛋便消失了，露出一头乌黑的头发，只是上面密密麻麻布着许多"芝麻点"。妈妈用粗大的手指节扒了扒她的头发，又凑到跟前仔细瞧了瞧，大拇指和食指一伸、一合，捏了个虱子蛋，确定是瘪瘪的空壳，才松了口气。为了这些虱子蛋，在家的这些天，她几乎天天给女儿洗头，还浸着稀释的农药液用毛巾包了几回头，好歹将饱满圆润的活蛋变成了生不出小虱子来的死蛋。

妈妈付了钱，接过小花片，想了想，像下定了决心似的，拽着曾燕往人堆外挤："走，趁时间还早，去把头发剪了。"

就爷爷在家带着孙女，洗头、洗澡这些个人卫生，是做不好的，把曾燕的头发剪成男孩子发型，是放心省事的办法。至于好不好看，唉，孩子年纪还小。

曾燕走到我跟前，带着低头认错的态度，小声说："老师，我今天迟到了。"她一头乌黑浓密的长发，剪成了极短的"伢子头"。初春料峭的风吹过，她缩了缩裸露在外的细长的脖子。

我问:"为什么呢,睡懒觉啦?"

"我去送我妈妈了。等了好久车都没来,妈妈就让我先来上课,她还在那里等。我妈妈今天要出去了。"

她突然红了眼圈,离别的泪,流了下来。

大课间

还是上学好

光闪闪的不锈钢栏杆上，晾晒着花花绿绿的被子。棉被在火热的阳光中膨胀了、轻快了，水分子们涌动、闹腾着，奔着炫目的太阳升腾而去，和唤醒沉寂校园的孩子们一样欢乐。

虽然是长江以南，虽然立了春，不过这样的好天气并不常见。不过两天，阳光又矜持地收回了它的光芒，换成料峭的风夹着寒雨款款登场。

操场和楼道，被不知疲倦的风清扫得洁净无尘。

孩子们是不怕的，无论阳光还是风雨，他们带着憋了许久的精神头，在校园里来回奔跑着，洒下一路活泼泼的笑声，比其他物种都率先预告春天即将来临的信息。

刚过完春节的孩子们，面色红润了、神情舒缓了，不知道是因为他们整个假期都处于物质丰盛的满足期还是缘于父母回来成天的陪伴让他们的情感得到浸润。

对于留守学生来说，长则一年、短则数月的忍耐才能换来父母在春节里十多天的滋养。

几个女孩子尖叫着从走廊前跑过，滚动在树叶上的雨水，受了声波的震荡，滴溜溜往下掉。跑在最前面的周莹熙一边哈哈大笑，一边回头往后瞧，看后面追赶她的杨紫婷隔她有多远。和大部分留守学生不同，春节过后父母离家外出没有让周莹熙感到难舍和伤心。

爸爸妈妈才走，比原计划推迟了好些天，为的是治疗她皮肤过敏而长出的红斑。

每天上午第二节课下课，爸爸妈妈准时来学校接她，开车载着她到花坪卫生院去打针，等她打完针，再把她送回学校。妈妈很细心，送女儿到学校时，总要找到老师，请老师留心观察，看女儿的症状是否有反复，她担心女儿脸上会留下什么疤痕，影响容貌。

爸爸妈妈在家耽搁的时间一长，不免着急。但是他们会按捺内心的焦虑，每天接送，直到周莹熙脸上和脖子上的红色疙瘩消失，只需服药巩固，才匆匆离开。

爸爸妈妈在100千米开外的省会长沙做凉拌菜的生意。

妈妈制作凉拌菜的手艺不错。腐竹、豆干、藕片、小鱼干……根据不同食材，选择晒、泡、煮等不同工艺，再拌以辣椒、蒜末、葱花，加一定比例的香油、姜汁、醋、糖等各种调料，红通通、油亮亮、香喷喷的凉拌菜就整整齐齐排列于食品盒里了。对爱辣的湖南人来说，光是看看，就有叫人分泌唾液的功效。

小两口做的是自产自销的生意，时间安排相对灵活。虽然会少赚些钱，但爸爸妈妈还是会每月都抽出一到两天回趟湘乡，看看家里的情况。家里有爷爷奶奶，年纪虽不算老，人也能干，但毕竟有三个孩子要照顾，爷爷还在附近包了几十亩地来种水稻，光是施肥、打虫，靠老汉一个人完成就是项艰巨的任务。三个孩子，周莹熙是老大，读二年级，下面有一个妹妹一个弟弟。妹妹刚上幼儿园，弟弟呢，是还得奶奶抱在手里的毛毛虫。

妈妈重视子女的教育，除了每个月回来一趟外，每晚都不忘打电话询问周莹熙的学习情况和在校表现。妈妈一天一个电话，给童年时期的周莹熙患"父爱、母爱饥渴症"注射了疫苗，加上妈妈明察秋毫，对她要求严格，女孩儿有时还会有点害怕接妈妈的电话。奶奶是这样形容的："周莹熙在她妈妈面前，那是老鼠见了猫。"

上个暑假来临时，爸爸妈妈回家来，给周莹熙收拾了几件换洗衣服，带上作业，把女儿接到长沙去住。大女儿之所以有这样的优待，是因为她到了可以自己照顾自己的年龄了，父母不用在忙于生意的时候腾出精力来照管她，两个小的还不成。

小小的周莹熙穿着粉蓝色的蕾丝裙子，跟在父母屁股后面，一块儿去菜市场做生意。市场很大，卖青菜水果的、卖熟食的、卖干货的、卖鱼卖肉的……五花八门，什么都有，按类别排成一行行、一列列。

市场大，但单个摊位占据的面积小，周莹熙在自家摊子后面坐着，看来来往往、形形色色的人们，看妈妈拿起勺子把顾客指定的凉菜舀进食品塑料袋再放到电子秤上，看妈妈收钱、找钱……

爸爸妈妈来长沙之前，也做凉拌菜生意，不过是在离家十来千米的双板桥。爸爸妈妈做生意的情形，她是见过的，并没有太多新鲜感，她打量的是周边的环境和那些说话口音与家乡不一样的顾客。

没用太长时间，周围的一切都对她失去了吸引力。

午后几个小时几乎没人光顾，喧闹的市场安静了，有些摊主开始歪着脑袋打起了盹。妈妈让她坐在小凳上写写作业，摆放作业本的是一条高高的红色塑料凳。她学习好，二年级的知识又浅，需要她费尽脑力钻研的题目几乎没有，于是，她很快完成了妈妈交代的学习任务。她没别的事可干，自己又接着往后面写了写，可她不能一直写下去。等她写乏了，收起作业本，漫无目的地东瞧西瞅时，不由得百无聊赖叹了口气：这里没有弟弟妹妹，没有同学，没有可以让她撒着脚丫子四处奔跑的操场，她活动的区域就只有这么一块巴掌大的地方。

妈妈看女儿不太乐意去菜市场，叮嘱叮嘱，把她留在住的地方。在住的房子里，她的活动空间要大一些，至少，可以在房间里走一走；活动内容也多了，除了写作业，可以看电视、玩贴花、画画。

爸爸妈妈出去后，她开始写作业、看电视，电视看累了再做点别的。不过，她毕竟是个只有八岁的孩子，当整间屋子除了她，就只有冷漠的家具、墙壁时，她第一次体会到寂寞的滋味。她想说说话、想开怀地笑一笑、想和同学们在操场尽情地追逐游戏、想被老师指派做这做那……最后，那些曾经在学校和同学们玩得起劲的填图、贴花、手工，都引不起她的兴致，她就趴在窗户边呆呆地望着外面的天空。

时间像钟表里的秒针，一步一步走得艰难。太阳的光芒透过繁茂的树叶一点点西斜……天空明亮耀眼的光芒一点点柔和黯淡……路灯于浅淡夜色中的某一瞬不为人知猛然闪亮，扩散出比天光亮不了多少的光晕……

天色更黑了，当路灯的光亮终于被人们知晓并需要时，爸爸妈妈的脚步声终于在门外响起。但女孩儿等待得太久，全身疲乏，她只能在心里想象着自己欢天喜地去迎接父母的回来。

门开了，父母的归来搅动了这静寂到几乎凝固的空气。

晚上的时间对正是活泼好动的孩子来说，过得照样无滋无味。

爸爸妈妈一边叮叮当当地准备着晚饭，一边询问女儿今天做了些什么，然后会有一套忙碌、琐屑的流程：吃饭，准备第二天一早要制作凉拌菜的食材，收拾、洗澡、洗衣服……当夜已浓黑，路灯在消退了燥热且隐约有了一丝舒爽凉意的高空中白得炽亮时，孩子躺在爸爸妈妈身边，在嗡嗡作响的风扇转动中渐渐进入了梦乡。

偶尔，爸爸妈妈忙里偷闲，吃过晚饭后带女儿到外面走一走、透透气。她跟着爸爸妈妈，逛过商品琳琅满目的商场、超市，漫步在幽静的人行道上看过都市的车水马龙，在开阔的广场上体验过那些闪烁着眼睛的游乐设施……但，这一切，都不足以抵消她离开学校那恣意的、无拘无束的生活所带来的惆怅！

她怀念在学校的时光。

周莹熙和几个同学笑着、闹着，从我面前经过。我问她是喜欢假期在长沙和爸爸妈妈一块儿，还是喜欢在学校读书。她不假思索：

"我喜欢上学！爸爸妈妈那里不好玩，很无聊。在学校有很多小伙伴。"

女孩儿喘息着，红扑扑的脸蛋上一双明亮的眼睛闪着光亮。

作为留守学生，她是幸福的。虽然，爸爸妈妈没有天天陪伴在身边看她成长，但他们通过各种方式，让她感到了被呵护、被关爱。内心的安全与踏实，让孩子可以自由判断与选择，而无须为了求得和爸爸妈妈在一起的温暖，去委屈自己，讨好父母。

大课间

受伤

餐厅门口走廊处传来"啪"的一声巨响，静默一秒后，继而响起一个女孩撕心裂肺的"哇哇"大哭的声音。

老师们坐在餐厅靠门口的餐桌边，正准备吃饭，听到响动，或乌黑或灰白的几个脑袋齐刷刷地朝声音来源处扭转过去——一名女生四肢趴地，摔倒在门口。是二年级的谭淑媛。此时，她手里的瓷饭碗破裂成了好几瓣，其中一块瓷片锋利的边缘割破了她的右手食指。

我将碗筷一扔，连忙起身过去查看情况。

女孩儿也许是得了被老师搀扶的安慰，哀声恸哭两声后，慢慢放低了哭泣的声音。但是，受伤的手指却一直鲜血泪泪，一滴、两滴、三滴，和眼泪赛着劲头往下掉，很快就洇湿了脚下一小块灰黑的水泥地面。被鲜血淹没的伤口，看不出到底有多深。

我感到脑袋发蒙，心脏紧缩。

有的人，特别是一些心理脆弱的女性，会怵怕事故现场血肉模糊的场面，严重的，连并不太厉害的流血也不能见。我算是其中之一，且并不因为职业的需要必须在学生面前时时充当保护者就给内心注入了某种免晕血的药剂——看到身体受到外力的伤害，我总会产生一种幻象，仿佛伤者的生命正随着鲜血的流失而枯萎、衰竭——这往往令我因恐惧而不能冷静、迅疾地做出下一步应该如何处理的判断。

幸好邓老师紧随其后赶了过来。五十多岁的她是个热心肠且做事麻利的人。我算是吃了颗定心丸。

两位老师带着一直抽噎着的女孩儿到了医务室。

医务室同时是邓老师的寝室，在餐厅西侧一个两间相连的套房内。涂着银灰色油漆的铁皮柜挨墙角搁在里间的窗户边，存放了些感冒冲剂、清凉油、红花油、创可贴、碘酒之类的常见药物。老师们算是半吊子医生，用有限的医药常识应付学生们日常的各种突发状况：谁有轻微的头疼脑热，给擦擦清凉油或喝瓶藿香正气水；不小心撞青了胳膊或跑跑跳跳扭了筋络，抹上红花油揉一揉……大多时候，经过这样简单的处理，也就可以了。

现在，邓老师从医药柜里麻利地拿出碘酒、棉签、纱布等一系列处理外伤的物品。她先用棉签浸染了碘酒擦拭已经凝固的血迹，但是新鲜的血液以更快的速度冒了出来。我努力抑制着一阵一阵的眩晕，撕了几条医用纱布，在伤口上端紧紧缠了两圈，打了个结。不多一会儿，血终于停止继续外涌。血痕擦拭干净后，裸露出来的伤口面目狰狞，看来仅用创可贴是不行的。

处理好伤口后，因为怕被莽撞的孩子磕着碰着，我带着谭淑媛到我的寝室去吃饭，接着打电话联系她的家人。

谭淑媛是石洞村的。父亲在外经商，隔三岔五地回来打个转，他对女儿的教育很上心，在班级微信群里发言算是活跃的；妈妈则一直在家照管孩子。

谭淑媛在留守学生中算是一个特殊的女孩。

将五官分开来看，女孩儿算不上顶漂亮，但明净的脸上总噙着一丝淡淡的笑意，给人淡雅温和的感觉，十分舒服。她衣着干净整洁，浓云般的乌发总是梳得顺顺溜溜，扎成一根粗大的马尾辫。相比班上许多同学，她的言谈举止，多了一份落落大方的从容，她对老师，既不刻意躲避，也不过分讨好，十分舒适自然。

她的特殊，在于她是个正常的孩子。

谭淑媛只勉强吃了几口饭，妈妈便骑着摩托车出现在了学校，她来得很快。妈妈穿着一件大小合身的夹棉风衣。衣服因为颜色发白而显得有些陈旧，但全身上下收拾得干净利落。脸上不再紧绷的皮肤显示，和多数不到三十岁的妈妈相比，她已不再年轻了。谭淑媛的上面，还有个大了十来岁的哥哥。

我心里隐隐有些忧虑，怕她数落学校、老师监管不力，或者怒斥孩子的大意。不少家长有这样的思维定式——孩子在学校一旦有什么磕碰，总归是学校、老师的疏忽，必须由老师、学校承担责任。

但我的担心是多余的。

妈妈涵养很好，她慈爱地望着女儿，耐心听我介绍完情况，连连说："辛苦老师了。"

她带着谭淑媛往诊所去了。

音乐课

熬一熬，就会好

儒心生病了。女孩的脸上浮着一层不正常的红潮，她努力地想睁大眼睛，可眼皮一直沉重地往下掉。

儒心读二年级，在学校寄宿。

她的寄宿生涯是从一年级开始的。

她记得自己成为一名正式的小学生不久后的某一天，妈妈拉着她的手，问："宝宝，妈妈要出去赚钱，你到学校寄宿好不好？"她有些惶恐，她不知道生活将发生怎样的改变。但她一直十分乖顺，所以，在妈妈希冀的目光里，她轻轻地，点了点头。

第一年的寄宿生活，除了没有妈妈陪伴，其他还算好。

学校不接收一年级学生读寄宿，因为年龄太小了，生活还不能自理。妈妈把她托付给了班主任龙老师。龙老师是临时代课的老师，年轻、未婚，暂时没有家庭负担，为了节省每天上下班的时间和辛劳，周一到周四都住在学校。她住在龙老师的房间，龙老师会手把手教她洗脸、刷牙，龙老师会给她清洗换下的衣服、鞋子，会在夜晚的灯光下看她写作业、读课文……

现在，她读二年级，龙老师离开了学校。

新来的班主任是冯老师，上级规定在职老师不允许带学生，她不愿违反工作纪律，拒绝了妈妈的请求。妈妈为这事很是烦恼了一阵子。后来，另外还有几个低年级学生的家长也提出希望把孩子放在学校寄宿的请求，学校考虑到这一特殊情况，安排了年近退休的邓老师来负责照管他们的生活起居，算是变相同意了。这样做一是满足了家长的实际需求，二是这位邓老师家庭经济困难，借此也可以增加一点工资外的补助。

儒心的铺盖从原来龙老师的房间搬去了邓老师房间。

原来她单独睡一张床，现在，她和一年级的刘源睡一张床。

儒心趴在桌子上，觉得头越来越重，浑身难受得厉害。她忍不住小声啜泣起来，旁边有个同学提醒她："你去找冯老师吧。"

她的睫毛上还挂着细碎的泪花，我看着她，毫无办法，只干巴巴地问："你不舒服吗？"

她不言语，只点点头。

我又说："那你去床上睡一会儿吧。"

她答应着，看上去很可怜地出了教室。

我没有去摸她的额头，也没有给她擦拭泪水；我没有陪同她一起走到寝室，扶她躺好，替她披好被角；我没有给她倒一杯开水，喂她吃一粒感冒药……

这段时间，班级里感冒的学生人数不少。我担心教室空气中浮动的感冒细菌太多，会传染其他学生，甚至传染我自己；上课铃已经响了，我不能丢下其他学生，单去照顾她一个人；我更不会因为个别学生小小的感冒，抛下课堂、把她送去诊所，看病、吃药……

既然学校安排了专人照顾他们的生活起居，那就交给那个老师吧。她住在邓老师的房间，邓老师会知晓这个情况的。我这样想着。

我没有刻意去留心儒心的座位空了多久，也许是一节、两节课，也许是半天。她回到教室时，脸上不正常的绯红退了，眼泪也干了，但还是一副恹恹乏力的样子。

邓老师去看过她了。我能猜想得出，邓老师会用爽朗高昂的声调询问几句，拿粗糙而肥厚的手摸摸女孩儿的额头，然后，给她擦点清凉油或风油精，再估摸着给她喝包小柴胡冲剂，让她蒙上被子好好睡一觉。这是没办法的事，孩子的父母都不在家，就算联系他们，他们也无能为力，不过是干着急罢了。

这样小的感冒，儒心只能捱着、挺着，过几天，自然会好。

我当了儒心的班主任后，她妈妈加了我的微信。

从她发到朋友圈里的信息可以看出，那段时间，她心情很低落——工作不顺，还是生活茫然？可以肯定的是，不是因为孩子生病了，而自己不在身边。她是个三十岁不到的年轻女人，除了孩子，还有工作、生活、情感……

有段时间，妈妈经常通过微信或是电话向我了解儒心的学习情况。可是，这一次，她一直没有问我，女儿的病是否痊愈了。

也许，她已经通过其他途径知道了；也许，是因为儒心虽然只读二年级，可是，也已是第二年寄在学校、寄在老师这儿。一切，都已习惯了吧！

爷爷也不在家的时候

灶膛里的火苗蹿着，发出比头顶那盏沾满了油烟的灯泡更耀眼的光亮。厨房很大，像湖南很多地方的农村一样，灶屋里通常砌着宽大的柴火灶，两大一小三个灶口。靠里挨墙的灶，安放着一口大得出奇的铁锅，一般用来煮猪食或逢年过节时蒸蛋糕花、扣肉。

冯俊辉家没有喂猪，加上哪怕中秋、除夕这样团圆的节日，家里在外打工的青壮年也是回的回、不回的不回，蛋糕花、扣肉这样隆重的特色菜品没哪个有心情做，所以，那口大锅也就一直闲置在那里，生了一层厚厚的铁锈。

冯俊辉往灶膛里塞了一根柴，紧接着又塞了一根。他快八岁了，要说他只有五六岁怕也是有人相信的。他个头实在矮小。那尖尖瘦瘦的小脑袋，安在伶仃如木棒的脖子上，加上细胳膊细腿，叫人担心他身体的各个部分稳不稳妥。

虽然身材瘦小，一副面黄肌瘦、营养不良的样子，冯俊辉却跟只猴儿似的机灵，烧柴火的本领更是远远胜过那些长年累月生活于城里烧着天然气的成年人。

有些时候，没人来请爷爷去当泥水匠，逢天干物燥，爷爷便拿着砍刀，挑根扁担，卷几根粗麻绳去后山尖公寨砍柴。

跟往年老老少少都在家靠一亩三分地谋生的时候不一样，那时，家家户户一日三餐、煮猪食、喝的用的水都要靠柴火烧，人又多，大大小小的树都被砍光了，山体裸露着、光秃着，尽是触目惊心的黄土，现在，留在乡下的，大部分是老人、孩子，加上有些人家还烧上了沼气、液化气，被透支的大自然得到了休养生息，加上南方气候温暖、雨水充足，十来年间，大山小丘都重新披上了绿装，山间草木丛生，七零八落的现成枯柴都没人拾捡，往山上去的路也被新芽嫩枝隐藏了。

爷爷是个精瘦的小老头，眼睛有些歪斜，不过不影响视力。因为家里穷，人长得不太堂正，生存的本领又不强，便讨了个河南过来要饭的女人当堂客，短短几年时间生了三个儿子。后来娘家日子好过了，堂客留下两个大的孩子，带着小儿子回河南，不久便改嫁了。爷爷并不恨这个抛夫弃子奔好日子去的老婆，相反，他感激女人让他品尝过幸福生活的滋味，还给他留了这活蹦乱跳的孩子。

爷爷在前面开路，用砍刀劈掉蔓延在山路上的藤蔓和带刺的荆棘。冯俊辉紧紧跟在后面，蹿上蹿下，仿佛天生便是这山里的野物。瘦小的男孩儿算得上是个小劳力了，骨碌碌的眼睛四下搜寻，捡拾爷爷看不上的干枝枯棍，末了，也能拖一小捆木柴下山。当然，这得是他不用上课的周末或假期。大他两岁的姐姐则在家看管叔叔的儿子，4岁的堂弟。

现在，冯俊辉把火烧得旺旺的。

锅里溜溜直转的水珠被滚烫的铁锅炙灼着，发出嗞嗞的声响，化作水汽消散了。10岁的姐姐站在灶台的另一侧，她踮起脚往锅里扔进一勺猪油，锅底马上冒上来一股青烟，她又急忙把砧板上切成一块一块的南瓜倒进锅去，使劲地搅拌来、搅拌去。锅铲撞击着锅壁，"铛铛"作响，那又粗又长的木把手已被岁月侵蚀成黑色，握在她小小的手里，油光发亮。暗黄的灯光照着姐姐黑一块灰一块的脸庞，认真而专注。三姐弟都一个形象，裸露在外面的皮肤以及身上的衣服，没一处是干净的。

天色完全黑下来了。

仿佛是一股气势汹涌的墨水从山上奔腾而下，席卷了家门前那口波光粼粼的大池塘，淹没了广阔的田野，最后，整个世界都飘浮在了黑夜的波浪里。依偎在山脚下的几幢房屋，稀疏的灯顽强地亮着，给寂静的乡村之夜带来抚慰人心的光明和温暖。

"吃饭啦！吃饭啦！"姐姐叫唤着，双手捧着一碗盛得满溢的南瓜汤，小心翼翼地往灶屋中间的桌上端。冯俊辉则用一把大铁钳把没有烧完的柴火夹出来，移到中间的小灶里。小灶上放着炊壶，水只装了大半壶，再多，他和姐姐就都提不起了。吃完饭，他和姐姐一起给小堂弟洗澡，然后再是他和姐姐轮流洗。

"快吃，南瓜汤很甜。"

姐姐夹了几块南瓜放在堂弟的饭碗里，还给他倒了点汤。一小股黄灿灿的汤汁沿着碗壁流了下来，堂弟伸长舌头舔了舔，咂巴着嘴巴朝正在大口往嘴里送白米饭的俊辉做了个鬼脸。冯俊辉也回了个鬼脸。他一边吧唧吧唧用力嚼着米饭，一边含糊不清地对姐姐说："姐姐，明天晚上吃什么？爷爷出去之前称的肉还剩了两块，煮一块吃吧。"

"好咯，"充当临时家长的姐姐很有权威地发言，"你就知道吃肉。"她也往口里塞了一块南瓜，问："对了，明天学校搞大课间活动，我们老师说要戴红领巾，你们老师说了没有？"

"说了呀，少先队员才带，我还没入呢。"

"今年六一儿童节的时候,你也写入队申请书吧。"

……

冯俊辉是我班上的学生,8岁,爸爸妈妈、叔叔婶婶都在外打工,爷爷不固定地被人请去当工地上的小工,担担灰桶子、递递红砖之类。

爷爷也出去打工的时候,10岁的姐姐、8岁的冯俊辉带着还在上幼儿园的4岁的堂弟在家。早上,幼儿园有校车来接堂弟,下午放学时,冯俊辉和姐姐绕点路,去把堂弟接回家。

三个孩子,守着一幢两层楼的大房子,上学、做饭、洗衣服、睡觉……

音乐课

挨批

王宇泽在兄弟姐妹中地位超然。

周末，妈妈打电话回家时，奶奶一定要寻到这个小孙子，保证他优先接听电话的权利，不管手机响起时，他就在眼皮子底下，还是在别的不太确定的地方。

多数情况，王宇泽在里屋看电视，或是在空旷的堂屋和伯伯的儿子你来我往地练习国球技术。他们对打的乒乓球桌是由一扇木门叶、几条长凳组装搭成的，虽然简陋，不过用来专供孩子消遣、娱乐，也算是家长费了心思提供的奢侈品。距离再远一些，他可能在屋场下面的转角处，和同班同学郭志鹏在山塂下的村路上溜旱冰。村路打了水泥，路面平整又少有车辆人流往来，两个男孩子蹿来蹿去地玩得满脸通红。奶奶握着手机，迈着颤颤巍巍的腿脚过来寻人，隔老远就扬着声音高声呼唤："孙啊、孙啊，你妈妈打电话来了。"

手机到了王宇泽手里，等妈妈把要和他说的话全都说完，再由他递给姐姐们。

王宇泽的爸爸妈妈是房屋装修工，刷刷墙壁、贴贴瓷砖。有人介绍他们到广东英德去，说那边新建的房屋像雨后春笋一茬接一茬，有接不完的活做。父母回湘乡的时间不固定，不像多数外出打工者那样，趁年节回来跟家人吃吃团圆饭、跟同学朋友聚聚会打打牌，他们回不回、哪时候回，一得看手头上有没有活、活有没有完工，二得看家里是不是有重要的事情值得大老远地奔波一趟。湘乡到英德，600多千米，往返一次，光是高速公路费、汽油费就得千把块呢。

好在，多年背井离乡在石灰、水泥里摸爬滚打不是没有收获，除了基本的家庭建设，除了供养三个孩子吃喝拉撒，近两年，他们还购置了一辆崭新的长安面包车。平时，这车在工地上运送装修材料，往家里来回时，也省了搭乘大巴车的拥挤。

去年年底，手里接的一个工程没做完，两口子就在他乡辞旧迎新的爆竹声里过了个冷清的大年夜。正月过了十多天，工程扫尾了，几个孩子开学迫在眉睫，夫妻俩才开着车赶回来给姐弟仨掏钱交费，顺带过几天吃了睡、睡了吃的悠闲日子。

电话里，妈妈一口湖南新化口音，询问儿子过去一星期方方面面的情况。问过学习后，紧随其后一般会有一句："打架了没有？"

知儿莫若母，王宇泽脾气不小，上面两个女孩之后生的他，在传宗接代意识尚根深蒂固的农村家庭里，他的地位凌驾于两个姐姐之上，家里长辈难免娇纵他。到了学校，同学们却不会依顺他，结果可想而知，一点小事情就经常惹他荛毛，说狠话、摔东西，甚至拳打脚踢，这些对他来说都是家常便饭。时间一长，班上的同学都说他有"狂躁症"。

因为这个，他今天吃了老师一顿前所未有的狠批。

和以往不同，这回王宇泽没有气呼呼把腮帮子吹得跟金鱼一样圆鼓鼓，他老老实实跟着"奉命"前来传唤他的同学来到老师房间。"受害者"是同班的女孩儿周莹熙，已经被几个女同学团团围住站在老师跟前了。周莹熙长相清秀，现在，柔嫩的脸上出现一条瘆人的抓痕还渗着血水，伤口肿得老高。她没有哀哀泣泣地哭诉，也没有提高音量使用告状者的语气指控始作俑者的暴行。老师询问原委时，她像平时在课堂上回答一样语调平静，把事情的经过一五一十讲述了一遍。

几个同学在操场上玩球，周莹熙抢到了，将球抱在手里，王宇泽冲上去就是一巴掌，想把球从她手里打下来，结果，"呲"的一声，男孩子的手指甲划过女孩儿的脸颊，在她脸上抠出一道伤痕。

女孩儿波澜不惊的语气和实事求是的讲述增加了王宇泽的愧疚。随着老师弯腰查视女孩伤口的动作他也迅速瞥了周莹熙的伤口一眼，在老师直起腰身的那一瞬间又收了回去。

老师站直了身体，她思忖了一下，周莹熙的伤口得先去处理一下，她扭头看了王宇泽一眼，那是极其冰冷的一眼，扔下一句："如果破了相，看你怎么办？"

老师带着周莹熙走了，其他同学也一窝蜂地跟着去了。

王宇泽站在那儿一动不敢动。四周安静下来。偶尔有同学从门口经过，探着头好奇地朝里面张望两眼，或者压低声音悄悄问上一句"你怎么啦"，看他沮丧着脸没有反应，耸耸肩，又走开了。过了一会儿，他听到上课铃响了，操场上来往的同学飞跑着往教室去，再过一会儿，不单老师的房间，就连他视线所及的每一处地方，都被令人发慌的寂静笼罩了，把人熏得浑身软绵的太阳光也躲避着他，远远地擦着稀疏的新枝嫩叶投射在花坛的边沿上。

男孩儿蒙了半天的脑细胞逐渐恢复正常，他想起周莹熙白净的脸蛋上那处吓人的伤口，想起刚刚围观的同学中有人解释的"破相就是毁容"……毁容的意思他是知道的，女孩子爱漂亮他也是知道的，如果毁了容……

他越想越忐忑不安，到了后面，已经不敢继续往下想，一团冷气从脚底慢慢升起，他觉得这样一动不动地站在太阳惠顾不到的阴冷的房间，整个人都要僵了……

不知过了多久，有声响传来。老师的身影出现在门口。

他在心里长长地松了口气，按以往的经验，老师还是会给他机会发言，听他的说法，只要老师问，他就可以解释这一切都只是个意外，他不是故意的。可是，老师在办公桌边坐下后，只是面无表情地盯着他，一声也不吭。他的心又缩成了一团。

沉默，长时间的沉默。终于，老师开口了。他心里一轻。可是，老师的神情与语气是从未有过的冷漠。她说：

"你很喜欢武力吗？"

男孩儿从这冷漠的后面感受到一股巨大的恼怒，他胆怯了，嗫嚅着轻声辩解了一句："我不是故意……"

"你今天还犯了其他错吗？"

老师打断了他，语速不疾不徐，语气却是不容置疑的，听在男孩耳里，有暴风雨来临前的压抑。

"之前是不是在教室里发脾气砸凳子了？是不是因为曾燕记了你的名字，你伸脚绊了她一跤？是不是……"

男孩儿的脸霎时间成了猪肝色，他张张嘴，却再也说不出辩解的话。他看着老师的目光，冷冷的，像一把把锋利的小刀投射过来，他感到心里难过极了。他记得受到老师表扬时的雀跃，他也记得下课老师和他一块儿跳绳、打羽毛球的酣畅，他还记得为了得到老师一个赞许的笑脸，强忍内心的胆怯到台上去表演……不知道从什么时候起，他和老师越来越亲近，越来越渴望得到老师的肯定，而今天，自己把一切都弄糟了。

父母离家出去打工的时候,他已经不会再问:"你们什么时候回?"因为,爸爸、妈妈不会给他一个肯定的回复,他们只会说:"有空就会回来。"至于什么时候有空,谁也说不准。家里大多时间,是没有爸爸妈妈的,五个小孩(他家三个,叔叔家两个)、三个老人(爷爷、奶奶和太奶奶),守着两幢连体的楼房。自他记事起,一直都是这么过的,他早已经平静地接受了这种生活状态——在爸爸妈妈走的时候,不哭不闹,不难过,不期待。

可是,每天放学,他总要走到老师跟前,认认真真地说一句:"老师,明天见。"有一次他这么说时,老师没有像往常那样,在忙碌中抬头瞅上他一眼,回复"明天见",而是像听到了什么有趣的事情,露出一抹略带促狭的笑容,提醒他:"明天是星期六哦。"片刻的迷惑后,他醒悟过来,红了脸,马上更正:"老师,星期一见!"后来,每到星期五,或者碰上放假,他总是牢牢记着,算好复课的时间,放学的时候走到老师跟前说"老师,星期一见"或者"老师,星期×见"。他从来没有哪一天遗漏过和老师的道别,也许这只是因为和老师再次相见的时间,是确定的。

当然,他也曾被老师批评。多半是因为他和同学打架。一开始他觉得委屈,他并不是无缘无故打人的,他之所以和人干架,不是因为哪个同学在他玩球的时候捣乱,就是谁在他看书的时候拿水泼湿了他的桌子,惹得他发火……后来老师跟他说,同学不是敌人,同学间的矛盾要学会用文明的方式解决,不能倚仗个子高或力气大使用武力……他接受了老师说的这个道理,不管多么恼火,他努力克制着自己,已经很长时间没有和同学打架了,可是,他感到体内那股怒火会在身体里四处乱窜,必须发泄出来才罢休,于是,他大喊大叫、扔东西、砸凳子……

"这么大的脾气,是像谁呢?"或许是累了,停顿一会儿老师再开口时,语气和缓了不少。

老师自顾自地叹息一句,让王宇泽好像在乌云密布的天空看到了一丝光亮,他不由自主地朝着那光亮而去:"我爸爸脾气大。"

老师愣了愣,问:"爸爸经常冲你们姐弟发脾气?"

"不,是冲妈妈……不打……只是砸东西。"眼泪终于从他红了半天的眼中流出来,像小溪般冲刷着脸上的灰尘,且越流越欢快。

从老师房间出来,王宇泽穿过后操场往教学楼走去,太阳明晃晃地挂在头顶,半空中的光圈令他有些眩晕。他深深地吸了口气,有劫后逃生的轻松,他想着老师最后跟他说的:

"要真诚地向周莹熙道歉,请求她的原谅。"

"以后,想发脾气的时候,要控制自己。你可以深呼吸,让自己平静,如果深呼吸还不行,那就去操场跑步。"

深呼吸、跑步,跑步、深呼吸。

唉,妈妈打电话回来时,这件事可不能说啊。

挨了罚的葛心

一根小竹条，在空中划过一道弧线，落在张开着的小手掌心上。葛心"嗖"地缩回手，眉清目秀的脸蛋霎时通红。几颗眼泪仿佛受着狼群驱赶的羚羊一般，急冲上来，到了眼眶，突然意识到前面已是悬崖陡壁，又一个紧急刹车，止住了脚步。

晶莹的泪珠儿就这样颤颤巍巍挂在睫毛上，随时都有坠落下来摔成碎片的危险。女孩感到手掌上火辣辣的痛，脸上也如阵阵寒风刮过，冰冷刺骨里透着火烧火燎。

葛心是三年级的学生，经常不能完成家庭作业。今天，她被老师惩罚了。

当着全班同学，被老师打掌心，哪怕是最调皮的男孩子，像朱宇强和杨阔，也不会不当一回事吧。教室里静悄悄的。她不用回头，也能知道大家的目光都落在自己身上，这些目光，成分复杂，有幸灾乐祸的、有同情的、有畏惧的、有理所当然的……反正，这一刻，她成了全班同学关注的焦点。同样是焦点，这跟她在课堂上有精彩表现时，老师夸奖她，其他同学一面大声念着"表扬他，顶呱呱"，一面将大拇指做着点赞的手势指向她，截然不同。那个时候，她也涨红了脸，是因为害羞和兴奋。她快乐得像受着爷爷用大米亲手熬制、刚刚出锅的米酒散发的香气熏陶一样，暖烘烘、轻飘飘。

现在，她感到身上冷一阵、热一阵，真想不管不顾大哭一场。她迅速抬头瞅了老师一眼，老师站在她的座位前，面色冷峻，目光严厉，这让她眼里挂着的泪珠儿像碰到一股强冷气流，一下子就被冰冻了。她咬了咬嘴唇，手指在手心里轻轻摩挲了几个来回，狠狠心，又把手伸出去，摊开。

"今天我一定把家庭作业写了。"她在心里暗下决心。

下午，放学时分。

初冬的太阳暖暖地照着，田地里的稻谷已经收割完毕，就地堆成小山的稻草散发出一种植物成熟与阳光温度混合的懒洋洋、甜津津的气息。

寄宿生，继续留在学校。周一到周五，他们活动的空间，是教室、操场、寝室。校门虽然开着，但对于他们，那里似乎布下了无形的结界，使得他们连靠近校门口的念头也不会产生。

有家长接送的孩子，欢天喜地背着书包，一溜烟钻上摩托车。摩托车在校园里掉头、拐弯，驶出校门，很快就沿着马路，消失在田野深处或山坡的拐弯处。

另一群孩子在出学校的小路与通车的大马路连接处嘻嘻哈哈玩得起劲。这群学生，有些自己独自乘坐城里往乡镇途经学校的中巴车回家，他们一般会在手里攥着一张淡青色的纸币，这一元钱，是回家的车费。有时候，甩啊甩，一整天下来，不知道哪个不经意的瞬间，手松了，钱飞了。等自己猛然发现手里空空如也，攥出了汗水的钱币已不见踪影时，便颓丧着脸，由好朋友陪伴着到老师那里借钱，第二天再还。也有些学生家里离学校不远，三三两两结着伴走路回家。虽然远近不一，交通方式不同，但他们基本都有一个共同点，那就是父母在外工作，家里爷爷奶奶因为田里地里事情多，也没空闲接送，并且不严格理会他们到家的时间。

葛心站在小路的边边上，下面是低于路面几乎一米高的稻田，有些地方铺着厚厚的稻草。同班的曹欣悦发出一声尖叫,从几米开外冲过来,双手猛地一缩又使劲一伸,往葛心背上一推。葛心借着力量往上跃,像小雏鹰练习飞翔时想要冲向辽阔的天空一样,却因为没有练就结实有力的翅膀,结果是重重地往下掉落。不过,葛心的目标是稻田里那些厚厚的干燥、暖和的稻草堆,掉下去根本不用担心疼痛。她曲着腿,像只青蛙趴在稻草上,稻草堆里传来她闷闷的笑声。没等她笑完,又有另一个同学推了曹欣悦一把,曹欣悦故意发出一声怪异的叫声,"扑通"跌落到她身上。突发而至的重量使她往稻草堆里深陷,稻秸秆的茬刺到了脸上,有些痛、有些痒,她的笑声更沉闷了,像憋在一个瓮里。曹欣悦从她身上爬起,她也翻身就地坐着,喘着粗气,脸红扑扑的,眼睛里焕发着熠熠的光辉,显然极其快活。

"老师出来了,老师出来了……"

有人压低声音慌乱地招呼了一句,捡起地上的书包背上就跑。葛心也连忙爬起,惊惶中,不敢爬到水泥路上来,直接踩着稻田软绵的泥土,头也不回地高一脚低一脚朝自家方向走去。

路口的学生霎时少了一半,只剩下几个在等班车的学生,他们可以光明正大地站在这儿,说车还没来。老师经过后,溜掉的学生或许会有回来的,重新开始这简单而又带给他们许多快乐的游戏。

葛心家很近,出了学校沿公路右转,穿过一丘稻田,再经过一个水波荡漾的大池塘,池塘北面的两层楼房就是她的家。

楼房一左一右并排分两户构建,东头归伯伯,西头归爸爸。伯伯十来年前患癌症去世,伯母出去打工了,堂哥目前读初中,周末才回家,他们家那一头的大门紧闭着。属于葛心家的这一头,大门敞开,迎接她归来。但屋里静悄悄地寂无人声,她背着书包,在每一间房子的门口都探探脑袋搜寻一眼,每个房间都是空荡荡的，一个人也没有。

爸爸妈妈都在广东，一个在深圳，一个在广州。弟弟上幼儿园还没回来，爷爷可能到镇上去了，也可能去打米了，奶奶呢，也许是在菜园里吧。

转了一圈，她终于放下书包来。

她觉得肚子有些饿，一条馋虫在肚子里不停地啃啊啃，将她中午在学校吃的饭菜都吞进它的肚里了。她于是打开柜门去拿爸爸前些日子带回来的零食。

家里要是来了稀罕尊贵的客人，淳朴的奶奶会把这些价格不菲的零食堆满果盘来招待客人，老人一边抓上一把零食，热情地往客人手里塞，一边不无骄傲地说："这是我崽回来时从城里的大超市买的。很正宗，只管放心吃！"

奶奶抱着一把青菜从菜地里回来，照例先到堂屋东头的正房来看看。小孙女正一边狼吞虎咽地吃着糖果、饼干，一边目不转睛地盯着电视机，电视屏幕上闪烁的画面在她脸上投射着不时变幻的色彩。

奶奶看到孙女在家，便安了心。这个孙女像个男孩子，经常扔了书包就往外头跑，田间、地头、山上，到处野，不是跑水边抓蝌蚪、蛤蟆，就是爬树上摘桃子、橘子，对蜗牛、蚯蚓之类的也很感兴趣。一个女孩子这么好动、顽皮，真是叫人头疼。

奶奶在心里笑了笑，随口问了一句："作业写了没有？"

她没有责怪孙女吃个不停嘴，也没有看着地上那一堆精美的包装袋心疼。他们家经济条件原本是很不错的，老伴在供销社上班，一直做生意，从湘乡做到广东，在那边开了好些年的店，钱也赚了不少。如果不是早些年大儿子得癌症，把家里的积蓄花了个底朝天，他们家在整个队上、村上都是过得极红火的。可惜的是，钱花了，人没留住。老人在想到这件事情时，并不后悔花了冤枉钱，只是伤感大儿子年纪轻轻地就这么没了。大儿媳为人硬气，知道丈夫得病公婆是兜了底地出钱，现在，她只托公婆帮她照管孩子的日常生活，经济上并不要他们出钱帮衬。

小儿子在深圳一家科技公司做销售，儿媳妇在广州一家医院做护士，累是累点，但收入不错。小儿子做销售，负责的区域刚好包括湖南、湖北以及邻近的几个省，他总是趁出差的空当回来看看，哪怕是当天晚上到家，第二天一大清早离开。留守在家里的两个老人、三个孩子，都高兴有这么一个青壮年能时不时回家，给家里注入些不一样的音调。爷爷奶奶虽然能干，但毕竟年纪大了，有些事情得由作为顶梁柱的儿子来做主、出力；三个孩子就更不用说了，他的存在仿如神祇，每次回来都是左一袋右一袋，吃的、穿的、用的……有给女儿、儿子的，也有给侄子的。

葛心扭头看了奶奶一眼，跑过来抓着老人的胳膊摇了摇，撒着娇讨好着唤了一句"奶奶"，就又坐回凳子上继续看电视了。奶奶故意皱紧眉头，又问了一句："作业写完了吗？"她的声音透着农村妇女常见的高亢嘶哑，听起来带凶狠的味道，不过，相比老师那种不急不缓的平静语调，其实一点震慑力也没有。

"写过了。"

"什么时候写的？书包都没有打开。"

"写过了啦！在学校写的。"

"好咧，喊不动！顽得死！看我不打电话告诉你爸爸！"奶奶恐吓了一句，转身往厨房里去了。她喜欢用"顽得死""跟个伢子一样"来形容孙女儿，不过数落时，眼里流露的却是无可奈何的溺爱。

葛心盯着电视机，眼睛一眨也不眨。一个念头像闪电般飞速掠过她的脑海，又消失了：吃过晚饭一定写作业。

当然，晚饭后，再花点时间洗漱，她一定是上下眼皮打架，累得只要一沾床，就会"呼呼"进入梦乡了。

音乐课

新学期报到

元宵未到，日历已翻到公历 3 月。

天气一天比一天暖和。几场夜雨、几许和风、几缕煦日，油菜花便唰唰地直往上蹿个头儿，铺在大片大片的田野上，明黄与翠绿，仿佛是色彩搭配大师一夜之间调制出的春的气息；再往细看，田间地头，朝气蓬勃的草籽叶、星星点点的野花、肥壮的香葱、柔嫩的荠菜，都欣欣然舒展了笑脸，是一片未经雕琢的天然野趣。

正月十六，公历 3 月 3 日，班级群里发的通知是 8 点半到 10 点半学生报名，10 点半到 11 点半打扫教室卫生，然后放学。

来得最早的是儒心。

奶奶领着孙女从学校大门走进去时，我在车里看见一前一后的祖孙俩。不知是刚过了个喜气洋洋的春节，还是心放宽了，奶奶比我以前见到的几次反显年轻、精神了。

时间一点点过去，阳光从枝叶间的缝隙洒落，来报到的学生和家长渐渐络绎不绝。家长，是熟悉与陌生的面孔混杂。熟悉的多半是皱纹密布的苍老的脸，陌生的则多是光亮润泽的容颜。这些看着陌生的面孔或许也有打过一两次照面的，只是次数太少，匆匆一瞥之后是漫长的间隔，逐渐在记忆中淡去了印痕。

众多孩子里，王博显得特别，因为他是独自来报名的，没有家长陪同。

他在人群中转来转去，瞅着人少的时候蹭到我办公桌前。他交了假期作业，说上学的费用妈妈会在微信里转。

我问他，妈妈是不是已经出去打工了。

他点点头。

忙碌中，一丝疑惑从我脑海一闪而过：妈妈出去打工了，难道爷爷奶奶、爸爸都不管他？

——我没有时间细想。

除了王博，还有几个学生，情况也有特殊之处。

李谨顺的奶奶只给孙子交了各项自愿性和服务性费用共166.59元，说伙食费他妈妈到时候会通过微信转给老师。我答应着，顺口问了问过年家里的情况。老太太憋了一肚子话想说，张开嘴，看了看身边，人太多，又咽了下去。

李谨顺家庭经济困难，是政府建账立卡扶助的对象。根据政策，减免他的教辅资料费66.59元。我让奶奶等一等，想着单独把这个事儿告诉她。

学生们报了名一个个上教室去了。房间逐渐从喧腾中安静下来，最后，只剩我和李谨顺的奶奶。我把减免的钱退给奶奶，奶奶一边接过钱，一边迫不及待地把寒假家里发生的事情倒豆子般说了出来——

李谨顺的父母是过年的前一天才从湖北赶回来的，他们在那边做点卖汤圆、甜酒的小生意。除夕是中国人举国欢庆、全家团圆的大节日，本想着一家人欢欢喜喜过个年，犒劳一年的艰辛与劳碌。结果，没待几天，李谨顺的父母就装

109

着满肚子的怨气，怒气冲冲地离开了。

刚过年，爷爷旧病复发，火急火燎地送去医院，花了一大笔钱。爸爸妈妈靠做小生意营生，起早贪黑，两块三块的，赚的是辛苦钱，眼看一年的积攒给爷爷治了病，妈妈憋着气指桑骂槐，爸爸牢骚满腹大发脾气：别个屋里的爷娘都能帮衬崽女，你们一分钱没给，还总是这也要我出钱那也要我出钱。我哪里有这么多钱出？！

爷爷躺在病榻上，受着病痛的折磨，听着儿子的埋怨，气急攻心，回击了许多指天骂地的难听的话，家里一团乱麻，新年的憧憬与期盼全无，只有彼此悲观情绪的蔓延与怒火不受约束的发泄。奶奶淌着泪，一方面体恤儿子、媳妇赚钱不易，一方面不能不顾及老头子作为病人的难过绝望。

一次爆炸性的争吵后，爸爸妈妈收拾行李，带着两岁的小女儿，买了最早的一趟火车票离开了。临走前，妈妈还一胸炽火，扔下几句硬邦邦的话：就是李谨顺把他爷爷气病的。去问问学校，能不能全托。干脆莫让他回来了！

我问了几次，才弄明白，他们说的"全托"，就是除了周一到周五在学校寄宿，连周六、周日也不要回家去的那种。

"唉，老倌子自从得了病，脾气就躁了。"奶奶叹着气，不胜烦忧，"要是不病，屋里就不会是这么个情况。"

她攥着退给她的几十块钱，又是感激，又是感慨。

而另一个学生许丽，自始至终没在我跟前露面。

她的爸爸，拽着校长，走到我办公室，请校长为他担保，许丽上学的费用他过一个月再交，最多一个月，肯定交。

他说，等他出去，到了做事的地方，不用几天就能领到薪水。

等孩子们和家长都离开，我锁上房门，到教室里去。几个班干部领着同学们已经打扫完教室——落了一个月灰尘的桌椅擦拭得锃亮，地面一尘不染，春日的阳光照在洁净明亮的窗户玻璃上，生出明亮的光辉。

再多的艰辛、苦难，都不能阻挡孩子们成长的脚步。

他们朝气蓬勃心怀喜悦地迎接着春天，迎接着刚刚拉开序幕的新学期。

美术课

回馈

虽然新潮讲究的女性将三八妇女节演变成了"女神节",但我还是对这个节日没有足够的重视,不过,当学生们跑来递给我几包零食,一旁的小丰老师笑吟吟地打趣他们时,我觉得还是有必要向他们普及一下"三八国际妇女节"的概念。

小丰老师是这样问的:

"这是送给老师节日的祝福吗?"

学生们一脸迷惘。

"知道今天是什么节日吗?"

还是茫然。

"今天是三月八日。"小丰老师一再提示。

那几个孩子面面相觑后,章自渝小声地问了一句:

"教师节吗?"

"来,今天是三八妇女节,跟妈妈说声节日快乐吧。"

被我叫到房间来的孩子都是寄宿生,我让他们用我的手机在微信里跟妈妈送一句节日的祝福。寄宿生今晚不能回去，即使有的学生父母还没出去打工，但也见不了面。

有的孩子很高兴，快快乐乐跑来了；有的懵懂无知，不过是听从着老师的吩咐，跟着别的孩子一起过来；还有的别别扭扭，不太情愿，可是，又不敢违抗老师的话……

最后，他们都在微信里，用语音给自己的妈妈留了言：妈妈，节日快乐！

说完学生们便跑开了，并没有谁留下来等待妈妈的回应。

过一会儿，我打开微信，有位妈妈回了语音：

"谢谢你，儿子。"

我听了一遍，点开，又听了一遍。这条短短的语音，我反复听了几遍。

母亲的声音，有温暖的张力。这个因为感动而微颤的声音让我想起，虽然更多的学生不是寄宿生，没有借助我的手机向妈妈表达祝福，但是，放学回家后，他们同样没办法对妈妈送上节日的祝福。许许多多的妈妈不在家，许许多多的爷爷奶奶不会使用智能手机。

"我们一起把对妈妈的祝福大声说出来，好吗？"

正式上课前，我向学生简单解释了三八国际妇女节的来历和意义，并且准备把全班学生的祝福一起发送到班级群里。为了达到好的效果，事先还练习了两次。嬉笑着不好意思或不以为然的孩子，在其他同学的感染下，慢慢认真了，声音由零散稀疏变得响亮整齐。

正式录音了。我一手摁住微信群语音的话筒键，另一只手做了示意的手势。孩子们拉长脖子，打开喉咙，大声喊：

"妈妈！节日快乐！"

有哈哈大笑觉着有趣的，有眼睛闪着兴奋光芒的，有面带微笑露出柔顺神情的，还有几个，黯然神伤……

班级微信群里很快有了回响。

"好感动……"

"谢谢儿子（女儿）……"

"谢谢老师……"

我把妈妈们在微信里的回话转告给孩子们。

细细碎碎的议论声消失了，孩子们变得异常安静，他们竖起耳朵，用心聆听妈妈们爱的回馈。

六一前后

一

　　打开微信视频，李谨顺只瞥了一眼，然后，扭转身体，面向一堵渗染灰黑色斑的单调白墙，视线落在水泥地面，任我怎么哄怎么拽，也不肯面对视频窗口。视频的那一边，一个正牙牙学语的小女孩占据了整个屏幕，那是他的妹妹。

　　妈妈的声音从旁边传过来，看不到人。

　　"李谨顺，生日快乐！"

　　她连说了两遍，三遍？

　　我不明白，妈妈为什么不把视频窗口对着自己，让儿子看到别离已久的母亲。

　　李谨顺固执地盯着地面，不回复，不言语，不肯面对视频里的画面，他的被爸爸妈妈带在身边的小妹妹。

　　课堂上，同学们唱着《生日快乐》歌，温暖的气氛一点点洒满了整间教室。李谨顺很懵懂，睁着迷惘的眼睛一会儿望望这个，一会儿望望那个，也许，他并不知道今天是自己的生日。慢慢地，他读懂了同学们祝福的目光，他回过神来，知道耳畔这欢乐的旋律是为他而奏响的。歌声停下后，我说——是对李谨顺，也是对所有留守学生：李谨顺妈妈今天一早就给老师微信留言，告诉老师今天是李谨顺生日。李谨顺的爸爸妈妈虽然都出去打工了，但他们很爱他，一直惦记着他。

李谨顺愣愣地望着我，眨了眨眼睛，又眨了眨。最后，泪水像断线的珠子掉下来，他哭了。

我分辨不出他眼泪的滋味。感动，还是难过？

下课后，我让他和妈妈视频，自始至终，他倔强地没有让妈妈看一眼他的正面，没有对为他送上生日祝福的妈妈，说一个字。

二

我叮嘱孩子们回去就把馄饨煮了，时间一长会变味。

馄饨是在庆六一的活动里师生一起包的，我让学生们带回去和家人一起分享他们的劳动果实。

郭志鹏问："老师，过两天再煮可以吗？"

听到否定的答复之后，他很沮丧，脸色像蒙了灰，黯淡下去，不一会儿，他又抬起头来，抱着一丝不肯放弃的希望："我放到冰箱里，也不行吗？"

我惊奇于他的执拗。但是，我马上有了一个猜测：

"你爸爸妈妈要回来了吗？"

他点点头："嗯，他们后天回来。"

他想把馄饨留着，等爸爸妈妈回来和他们一起吃。

星期一早自习后，我和郭志鹏一起下楼，我问他："你爸爸妈妈回来了？"

我以为他会喜笑颜开，满足又幸福。但没有，他仿佛有点难过，不大有精神的样子，倚靠着油漆脱落的铁扶手往楼下走。

他点头："嗯，回来了。"

他又望了望天空，越过学校侧后方的小山，家的方向。

"不过，现在，他们可能已经走了。"

在他上学的时候，他们偷偷地走掉。这样，不会有告别，不会有眼泪。

爸爸妈妈，是星期六晚上回来的。

三

庆祝六一的学校活动已在前一天结束。上午，我泡了杯茶，在家悠闲地看书。电话响了，是昀如的妈妈。

她说："冯老师，可以帮我叫一下昀如吗？"

我想，她是想对女儿说一声节日快乐！

我告诉昀如妈妈，儿童节的庆祝活动学校昨天已经举行过了，今天放一天假，孩子们在家里过节。也许妈妈实在是忙碌，没有时间看发布在班级微信群的六一安排通知以及大量的活动照片和视频。

听了我的回答，昀如妈妈显得很惊讶，顿了顿，她问我知不知道昀如爷爷的电话。

妈妈问老师要爷爷的电话——这个超乎常理的问题后面，不知道有怎样的恩怨情仇。我没有多问，默默地查了一下电话簿，默默地告诉她"没有"。

昀如的父母离婚了。现在，孩子由爷爷带着。

昀如参加了昨天中心校六一文娱会演的舞蹈表演。她想要爷爷去观看，但表演的地点在另一所学校，爷爷不知道去的路怎么走。

后来，爸爸抽出时间去了，拍了女儿盛装出演的照片，发在微信朋友圈里。

爸爸和妈妈离婚后，从武汉回来，在城里开了一家餐饮店。

很久以前，昀如对我说，她喜欢爸爸多一些。

也许，那并不是任性孩子的不懂事。

体育课

冬的生命

闹钟未响，意识已逐渐从黑暗中苏醒。仍是疲劳乏力，仍是头脑发蒙，仍是窗外一片寂静，没有办法再一次进入睡眠——享受那无知无觉的安宁。

曾子涵举起一袋零食，在我眼前晃，神情嘚瑟。透过塑料包装的透明部分，可以看到一根一根油光发亮缀着辣椒灰的"辣条"。我知道，其实他是想和我分享他拥有"美食"的快乐。孩子们的爷爷奶奶，虽然也意识到这些廉价食品在卫生方面存在一定隐患，但他们拗不过孙辈贪吃的天性，更抵挡不了"便宜"带来的诱惑，总是抱着一种侥幸心理，忽视可能的危害而选择妥协。

学前班的小朋友们排成一条长队，往校门外走。

曾子涵小跑着，一边紧紧跟上我——站队时，他是以最快的速度冲出来占据离我最近的队首位置，一边从食品袋里抽出辣条，递给我。我摆手手，拒绝了。这种5毛、1元一包的辣条带给味蕾的感受真是糟糕，放到嘴里一嚼，整个口腔都是浓烈的味精味道，叫人吐都吐不干净。然而，它在许多农村孩子心中的地位却堪比山珍海味，老师们屡禁不止。我不能像对待自己家的孩子一样，毫不留情地将它夺过来，扔到垃圾桶里，叫他（她）从今往后都不会再想；我也没有能力让眼前这个尚不明事理的男孩儿乖乖听从我的劝导，将已到嘴边的"美食"弃之不吃。

我对着曾子涵敷衍一笑，什么话也没说。我感觉自己今天对待这些孩子不似平常那样，有从心底泛出的柔软与爱怜。或者，是昨晚没有休息好，神思困乏。

走在他后面的另一个小男孩儿填补了我的空缺。男孩儿睁着一双垂涎欲滴的眼睛目睹了曾子涵把辣条递给我、又遭我残忍拒绝的全过程。我的手刚放下，他便冲曾子涵直嚷道："我想吃，我想吃！"一面伸手便去拿像火炬般被曾子涵高高举起的辣条。曾子涵身子一侧，躲过那只迅疾的手，又歪着脑袋想了想，同意了——不过，只能给一小截。

他的慷慨只给老师——这个突然的认识，让我心里升起一丝内疚。

校外的原野上有风、有安静的阳光。

田野的小道上，除了我们，浩浩荡荡又孤孤单单的一群，再也寻觅不到其他人影。孩子们嬉戏发出的欢笑声、吵闹声，很快被周围无尽的寂静与空荡驱散、消融。

我站在旷野中间，感受这种极致的静与空，感受它们将我包围，从头到脚，全方位，没有一丝一毫的遗漏。它曾经让我领悟到自由自在的舒缓，而现在，看着这群天真烂漫的孩子——他们好奇地看田间吃草的哞哞叫唤的牛，兴奋地望着电杆上停歇的叽叽喳喳的麻雀——我在这无边无际的静阒中的一点热闹里感受到的却是一种被遗弃的慌悸。

我遥望远方，许久，才将视线收回。

眼前的稻田里有成排的枯黄稻茬，稻茬与稻茬之间的泥土上生长着杂草和野菜。忽然，一片草地闯入眼帘。抬眼望过去，整块稻田都生长着挨挨挤挤的小草，清新的嫩绿、柔软的身姿，像是少女纤细的腰肢在风中快活地、灵巧地，甚至是狂野地舞动。目光往旁移，一块、两块、三块……一大片整齐的绿就这样欣欣然闯入心野，挥走了冬的萧索！

孩子们在田埂上撒着欢，有的探着身子到路边去采摘金黄的野菊花；有的干脆双膝一屈、往草丛间扑；有的故意尖厉地大叫着，追逐着前面的伙伴……他们的衣着不光鲜，他们的面容不洁净，有的还挂着长长的鼻涕。他们当中，大部分是当下热议的"留守儿童"。年轻的爸爸妈妈身在遥远、陌生的城市，陪伴他们一天天长大的，是爷爷奶奶或外公外婆，甚至其他亲人。这些孩子，这些幼嫩的孩子，就像这野地里的小草，有点阳光、有点雨露，哪怕风刀霜剑，虽然还在需要细心呵护的人生阶段，也不畏环境的恶劣，朝气蓬勃生长起来了。

——田间地头，生的希望从未消失。

我站在阳光下，站在广阔原野间的田埂上，清冽的风静静地拂过，不停地、持续地，将我心底那些莫名的颓废、忧恼、彷徨，一点点，一点点吹散。

体育课

家乡的景物

三年级下学期有个单元的口语交际内容是：介绍家乡的景物。

学生们在学习小组交流时，个个兴高采烈，说得脸蛋通红。有的说田野里盛开的油菜花，有的说山坡边斜逸的桃花树，有的说家门前流淌的小河流……

三个上台交流的学生却不约而同选择介绍家附近的竹林。

刘斯琦描述了春天的竹林，她说：

几场春雨滋润，几个春日暖照，万物苏醒的时候到了。竹林里野花点缀，竹笋遍地——刚冒出头的，粗粗壮壮的，使劲往上蹿、快长成竹子的……

这个时候，如果爸爸在家，会带我和弟弟去竹林，挖笋。用不了多久，就能挖到沉甸甸一大袋。

弟弟呢，东瞧瞧、西瞅瞅。竹林的空地里这儿一丛、那儿一簇，开了许多野花。他喜欢摘花，带回家去泡在水罐里。

昀如讲述夏天的竹林和竹子的用途，她说：

炎热的夏天，竹林里只有稀疏的几点阳光，凉爽怡人，是天然的纳凉场地。

我和伙伴们喜欢在竹林里游戏，玩累了，坐在地上，倚靠在粗壮的竹竿上，捡一片干净的竹叶，放在嘴边，可以吹出美妙动听的音乐。

竹子用途很多。爷爷会从竹林里砍下大竹子，制作竹凳、竹椅、竹桌，还有竹床呢。

谭淑媛说的颇具武侠风，她说：

爸爸在家的时候，会用干净的注射器，把酒注入嫩竹的秆茎里。一两个月后，拿刀在竹子上开个口子，酒流出来，拿杯接住，就是清香四溢的竹子酒。

台下一片哗然。一个男生瞟了我一眼，抵挡不住好奇心，大着胆子问："竹子酒好喝吗？"

刘斯琦的爸爸，在陕西，工地上；昀如，父母均在武汉；谭淑媛，父亲在外承包工地业务，地点不固定。

体育课
电话手表背后的故事

教室里很安静。学生们都在认真抄写黑板上的作业，几十支铅笔一笔一画划过纸面，发出蚕宝宝啃食桑叶般动听的声音。突然，"咛……咛……"的铃声响起，声音不大，但突兀，打破了教室的静谧。

是电子设备发出的声音。

老师在黑板上写字的手停了。她回转身，微皱着眉头，目光像黑暗中的探照灯扫过教室、扫过所有同学。她没有搜寻到目标。讲台下，一个个小脑袋都带着莫名其妙的神情看着她，没有谁显露出"作案"的痕迹。不过，不一会儿，目标就水落石出了。

七八岁的孩子很天真，不会帮同学打掩护。一瞬间的迷惑后，孩子们回过神来，看到老师眼里询问的信号，马上有几只小手争先恐后地伸出，指向教室最后面的一个女孩儿。

"是她！是她！是周晶晶！是周晶晶的电话手表。"

众目睽睽之下，周晶晶站了起来。

黝黑的脸蛋看得出已经涨红，同时，眼睛睁得圆溜溜的，竭力显出一副无辜的神情——不是我让电话手表响起来的呀！

可是，讲台上，老师严肃的神情让她忐忑起来。之前，她犯过一次错，被老师狠狠地批评了一次，现在想想，还心有余悸。

周晶晶是这个学期转来的。一开始，老师打心底里不喜欢她。

她常在课堂上冷不丁冒出句"老师……"，提一个在老师看来纯属博人眼球、其他孩子绝不会问、她也懒得回答的"无聊"问题；她又不时到老师眼皮子底下转悠转悠、露个脸：老师在房间里备课时，她要跑到跟前去瞧一瞧，老师在教室和同学说话时，她要打断别人的话插上两句；有时，下课时间，老师在讲台前专心地批改作业，她会晃啊晃地走过去，神神秘秘递给老师攥在手里许久的一颗葡萄或一粒红枣……

这样明显无疑想吸引老师注意的用心、这样笨拙的讨好方式，让老师深感不悦，她觉得，通过这些表现，可以看出周晶晶是个爱出风头、性情浮躁的女孩儿。

班级图书室第一次换书时，周晶晶把借阅的图书忘在家里，老师大发雷霆，对她积蓄已久的不满像火山喷发一样发作了。

周晶晶不以为然——没带课外书而已，是什么大不了的事情吗？大人发火，她见得多呢。

周晶晶想起了父母在一起时的情景。那时，爸爸妈妈三天两头地吵架，叫骂嘶吼声让她心烦意乱。有天夜里，她已经睡着了，一阵刺耳的巨大响声将她从睡梦中惊醒。迷迷糊糊走到客厅，眼前的场面吓了她一大跳：爸爸一手摁着妈妈的胳膊，一手掐着妈妈的脖子。一个激灵，她马上清醒了，一个可怕的念头冒上来：妈妈会被爸爸掐死的！她尖叫着、冲过去，小手吊上爸爸坚硬如铁的臂膀。她死拉硬拽，想把爸爸和妈妈分开。没想到妈妈也很凶恶，她一面抓着爸爸掐她脖子的手，一面抬起腿，朝爸爸左一脚右一脚死命地踹过去。当时，妈妈披散着头发，龇着牙、咧着嘴，像头发怒的狮子，这让周晶晶感到陌生。其中有两脚差一点就踢到她身上，唉，幸好躲得快，要不，被妈妈的高跟鞋踹到，准要痛死……

"老师反复交代，记得把课外书放到书包里！放到书包里！星期一要交换！你呢，对老师的叮嘱置若罔闻！不知脑袋里成天都想些什么！你看看，除了你，还有第二个没带课外书来的同学吗……"

狂风骤雨般的谴责冲击着周晶晶的耳膜，把她的思绪拉回当下。

和父母吵架发火的架势不同，老师脸色平静，声音低沉而严厉，一声声诘问与责备像波浪一样在四堵墙之间回荡。其余，教室里哪怕是一根针、一根头发掉到地上的动静也没有。孩子们第一次遭遇老师大发雷霆，个个噤若寒蝉，生怕一个不小心，就殃及池鱼。没有一个同学去看呆呆站立的周晶晶，可她感到脸上火辣辣的，像有千万根纤细的针在不停地扎。泪意涌上眼眶，鼓胀得发酸、发痛，她使劲瞪着眼，生怕眼睛一眨，泪珠儿就会奔涌而出。

从那以后，周晶晶对老师有了几分畏惧，不再随随便便往老师视线里闯，她不知道自己这样算是早就见惯了"世面"的人，为什么在老师的责备下会那样难过。

不过，老师对周晶晶的态度也在悄悄地发生变化。

现在，她看周晶晶时，不用再极力掩藏心中的不耐。相反，多了一丝怜悯和爱护。周晶晶自己也觉察到，自从她"安分守己"以后，老师叫她回答问题的次数多了、看她的脸色和悦了，有时，还问问她家里的近况。周晶晶很享受这种和风煦日，她小心翼翼地维系着，希望老师给她的笑脸可以一直这样温暖明媚下去。

老师对她态度的转变，缘于妈妈的一个电话。

那个周末，正在午睡的班主任老师接到晶晶妈妈的电话。她从温暖舒适的被窝里爬起来，靠着床头坐好，摆出一副准备长时间聆听的架势。平常，老师对睡眠中接到的电话态度是不够耐心的，一般是敷衍地回复"好、好的……"，便挂掉电话继续蒙头睡觉。但是，那天，她一反常态。她默默地听着，偶尔问上一句，惊诧驱散了她的睡意，她长时间沉默着。她推翻了对周晶晶原有的认识，那个一天到晚想方设法吸引她注意的孩子。在这个女孩儿以各种拙劣方式表现自我、索取关爱的背后，是一颗极度缺乏安全感的脆弱心灵！追根溯源，原因在于她的家庭。

电话里，妈妈在愤愤地向老师痛诉爸爸的各种不是：

"她爸爸天天给她打电话，搞得她心惊肉跳，不安宁！""想了解她的情况，应该通过我父母啊。这算什么？简直就是干扰她的生活！"

……

爸爸妈妈离婚了。

周晶晶离开了原来的家，离开了爸爸、离开了弟弟，离开了原来的同学和学校。妈妈带着她从湘潭到了湘乡，这是外公外婆的家。从此，她被交托给外公外婆，妈妈则去打工赚钱。

一开始，妈妈在长沙，后来又去了深圳，也许，过不了多久，她又会去广州或者别的什么地方。这样换来换去，可能是妈妈自己想，也可能是妈妈找的男朋友在其他城市，她要去和他在一起。

其实，晶晶是很喜欢爸爸的。至少，她有了电话手表后，爸爸会天天给她打电话，隔上几个月，会提些好吃的零食来看她。不像妈妈，国庆节放那么长的假都没有回来。

但是，妈妈把爸爸的号码从电话手表里删除了，妈妈不让爸爸打电话给她。这么长时间，爸爸是不是已经忘记这个女儿了？刚才，电话手表响，会不会是爸爸打来的？

可惜是在上课，真的好想接听一下，看是不是爸爸啊。唉，别想这么多了，不知道这一回老师又会怎么批评我呢。

老师看着一脸尴尬的周晶晶，什么也没说，只摆摆手，让她坐下。电话手表、电话手表，那根看不到的线，联结的是孩子和父母。

周晶晶是我所知道的班上第一个拥有电话手表的学生，陆陆续续的，有电话手表的学生越来越多，都是留守学生。背后，又会有怎样的故事呢？

吃药

王博穿过后操场，从教学楼往班主任的寝室走。

"老师，我要吃药。"他在门口停下，望着我，手里拿着一个极小的药包。我接过来看了一眼，是一包阿莫西林颗粒冲剂。

"生病了吗？"我一边冲洗杯子，一边随口问了一句。

八岁的王博个头高大，长着肥嘟嘟的腮帮子，稚气未脱。不过，这之前我并没有特别留意过他。他成绩不好不坏，课堂上既不活跃也不沉默，课余时间既不孤僻也不捣蛋，表现得中规中矩，容易使人忽略。

不过，要深究，我对他的不冷不热，或许还与一件事情有关。

大约一年前，一天我打开班级微信群，就收到王博妈妈一连串的"炮轰"：

"要收钱为什么不跟家长说？"

"小孩子说要钱就给他钱，还怎么管教？"

"收钱做什么，为什么不说清楚？出钱也要出个明明白白啊。"

……

当时，我刚刚接手这个班级，准备成立班级图书室，要求加入图书室的学生每人出 10 块钱，共同购买图书。我把这件事在班级群里发了几天的公告，因为怕被冠上"乱收费"的帽子，特地一再申明是自愿加入。

我把群公告的内容复制给她看。

她并不理睬，还是气愤填膺。

"为什么不先告诉家长？""我都把我家的小孩打了一顿，以为他要骗大人的钱。""10 块钱是小事，撒谎骗人可是关系品行的大事"……

我颇感秀才遇到兵，有理说不清的无奈，幸亏几个热心的家长出来澄清：

"老师在群里说过了的。"

她不信。

有家长将对话框截图上去，表示"有图有真相"，证据确凿。她并无错怪了老师和孩子的愧意，还是不依不饶。

"反正我是没看见。"

"不就是找借口收钱吗？"

……

几天后，放了学，我从教学楼出来，王博跑到我跟前，交给我 10 元钱。我顺着他过来的方向一看，王博妈妈骑在摩托车上，一脚踏地支撑着车的平衡，在校门口等着。

她脸上的神情冷峻如石刻，碰到我的目光，无一丝波澜。

我帮王博冲好药，看他喝下去。冲剂包装袋上"阿莫西林"几个字像小人般跳进眼里，我突然觉得有些不妥，便问他："你是去的花坪卫生院吗？"

他摇头。

"去了诊所？"我又问。

他还是摇头。

"那这药是哪开的？"我奇怪了。

王博告诉我，昨天他头痛，奶奶就到村上的药店买了药回来给他。我很惊诧，没想到孩子生病可以不用本人到场让医生看看症状，随意开点药吃吃就行的。

"爸爸妈妈都不在家吗？"我问他。

妈妈有时也在家。开学第一次听写生词，王博没有及格，被勒令罚抄词语并重新听写，结果，第二天重新听写的四个学生里，就他过关并且打了满分。我很欣喜，大大夸奖了他一番，他也是满脸笑容，高兴且骄傲地回复说昨天在家里妈妈给他报词语，听写一次过。

"是，他们都出去了。"

"妈妈要到过年才会回来。"

"爸爸？不知道，中间可能还会回来一次吧。"

他笑眯眯，无忧无虑的样子。

后来，我了解到了王博家的情况。王博奶奶（其实是外婆）是这样跟我说的：

王博的爸爸是俺屋里招的上门女婿。夫妻俩闹了点矛盾。我这个女儿（王博妈妈）也犟，硬是要离婚，怎么劝都劝不动。其实，他爸爸人不错。

说到我这个孙子，也奇怪，搞不清他到底清不清楚他父母离婚了。王博只在他爸爸离开这个屋里的那天大哭了一场，从此，就再也没提过这件事情。

当时，他爸爸收拾东西要走了。我抱着他站在旁边掉眼泪，说实话，我挺舍不得他爸爸，在我们家这么多年，我一直把他当崽（儿子）看，怪只怪我这个女儿一意孤行，非要离婚。他爸爸走到地坪里时，王博冲我是又踢又打，拼了命地想要挣脱我去抓他爸爸，哭得那个伤心……一边哭一边还说，爸爸走了就再也不会回来了。那一年，王博还只有三岁。

离婚后，王博爸爸就到外面打工去了。不过基本上每年会来看儿子一两回；

王博妈妈原来有头痛的毛病，不能出去做事，吃了些药方子，现在好了，也出去打工了。我带着这个孙在屋里，上面还有一个家娘（婆婆）在，80多了。

奶奶不时叹息着，几次红了眼眶。

她是为了办理贫困补助的手续到学校来签字的。

两个妈妈

七岁的男孩周沐彬有两个妈妈。

其中一个妈妈在某一天下午兴致勃勃来到儿子就读的学校。她一手一个袋子，左边袋子装的是几件崭新的童装，右边袋子则装满了小孩子爱吃的零食和水果。她刚从广东回来，到家里放下行李，没顾得上整理，也按捺不住激动的心情休息片刻，就来看儿子了。

她站在教室外面张望着，在一排排、一列列的小脑袋中找到了儿子。她用目光勾勒着儿子并没有因为久别而陌生的眼睛、眉毛、鼻子、嘴巴……一切她能用眼睛端详到的线条，既亢奋又忐忑不安。

儿子知道妈妈来了。

周沐彬并不是一个上课专心的学生，教室内外有一点什么风吹草动，都会吸引他的注意。当他眼角的余光瞥见走廊上站着一个人的时候，恍惚觉得有点熟悉，他又看了一眼，甚至还揉了揉眼睛，确认了是"她"。他一阵慌乱，立马转头，朝向黑板，摆出一副"我在认真听课，我什么都没看见"的神色。

我从教室出来，妈妈赶紧迎了上来。可能是车途劳顿，妈妈的身上带着一股风尘仆仆的味道，然而，她的精神是高昂的。她告诉我，她是周沐彬的妈妈。我看出妈妈的迫切，试探着问："那……我叫他出来？"

妈妈却胆怯了。

这个她魂牵梦萦的儿子，已经快八岁了，但她陪伴他成长的时间，只有一年。她和丈夫离婚时，周沐彬是还在襁褓中刚断奶的娃娃。

离婚后，妈妈去了广东打工，这么多年一直没有再婚再育。时间在流逝，儿子在心中的分量却一天比一天重，有时，她甚至会在黑暗的夜半时分感到自己唇角残留有亲吻过孩子的那种细腻触感——儿子的小脚丫、小手、柔嫩的脸蛋……

周沐彬的爸爸一直在深圳打工，与妈妈不同的是，性格灵活讨巧的他迅速觅得了一个更年轻漂亮的妻子，很快又有了个儿子。

原本和他在一个地方打工的新妻子生了儿子后，不再远出，只是在湘乡街上一家颇具规模的面包连锁店找了份烘焙的工作。每月例休，她会回家看望一前一后两个儿子。

对于周沐彬来说，亲生妈妈留在他脑海里的印象就像大太阳底下的水痕，经过一个夏天漫长的曝晒，早就消失得无影无踪了。他所说的妈妈，在任何时候，指的都是他的新妈妈。这位新妈妈在他不到两岁，还处于懵懂无知的年龄段进入他的世界。新妈妈温柔、漂亮，对他和弟弟一样好，经常捎又香又甜的蛋糕给他吃，经常带他和弟弟到街上去玩，她给两兄弟买同款的衣服，去游乐场时，让他当大英雄保护弟弟一起坐飞机、骑旋转木马……曾经很长一段时间，他以为他的妈妈就是眼前这个女人，他很幸福。

慢慢地，周沐彬长大了，晓事了。不需要谁直接跟他说什么，他就开始隐隐感到不对劲。直到有一天，一个陌生女人出现在他面前，以一种令他恐惧的热切让他叫"妈妈"。那一瞬，他以往的认知，如空中楼阁，轰然倒塌。他无比忧伤而悲哀地意识到，生活中那个给了他真切关怀与爱的女人并不是生下他的亲妈妈。

周沐彬的亲妈妈是"本地妹子"，娘屋里在湘乡，就在育塅，离周沐彬爷爷奶奶家不过几千米。两家人不用刻意，总有低头不见抬头见的时候；亲妈妈虽说在广东打工，但只要回到湘乡，总会去看望这个唯一的儿子。

爷爷奶奶并不拒绝前儿媳来看大孙子，不说她大包小包地从未空手上过门，也不论当初小两口离婚的主要原因是儿子太过爱玩，就说她是儿子的原配且生育了一个后代，就够在老人心中永远占据一席之地。当然，现在的儿媳更好，不仅生了个小孙子，而且能约束住生性游手好闲的儿子。爷爷奶奶没那份狠心让周沐彬不认自己的亲生妈妈，又怕得罪现在的儿媳，所以，他们讨好现儿媳的方式之一，就是当两个孙子发生什么矛盾、争执时，不论原因，不论过错方是谁，就会劈头盖脸把大的骂一顿，甚至揍一顿。当然，这么做时，他们有一个冠冕堂皇的理由：你是哥哥！

周沐彬现在快九岁了，在他幼小而不再懵懂的心灵里，已经可以体察到这些微妙的关系。他能做的，是当好弟弟的哥哥，在新妈妈面前竭力地表现自己的懂事、乖巧和一心一意。另一个妈妈蜻蜓点水的出现，与其说是惊喜，不如说是惊吓，就算内心其实还是有那么一丝被人惦记的窃喜，也完全被担忧淹没得无影无踪。

周沐彬在我的呼唤下从教室里出来，他走得很缓慢，脸上麻木着，没有表情。

妈妈抛开那些杂乱的思绪，高高兴兴上前几步，弯下腰，去抓儿子固执地垂在身侧的手。男孩儿的手脚，像被卡住关节的木偶在眼前这个女人的拉动下僵直地动了动。妈妈拉着儿子的手，只是满心欢喜地叫了一声他的名字，其余积攒了无数个日日夜夜的万千言语如鲠在喉，不能倾吐。周沐彬低垂着头，毫无反应。妈妈顿了顿，想起什么，转身去拿搁在地上的两个装满吃穿物件的袋子，想借此打破儿子坚冰一样的冷淡。

妈妈送来的衣服和零食不仅有周沐彬的一份，还有周沐彬同父异母弟弟的一份。弟弟在上山学校读学前班。周沐彬没有去接妈妈递过来的袋子，反而趁妈妈松开他的机会飞快地跑远了。

我连唤了他几句，也没能止住周沐彬的脚步。

不知什么时候，弟弟从另一个楼梯口上来了。

周沐彬一直跑到弟弟的身边才停下。一高一低、一大一小两个长相颇有几分相似的男孩儿站在一起，远远地朝老师和妈妈这边张望了几眼，一边看，一边低语了两句。

看见弟弟，妈妈迟疑了一下，朝他们俩走去，似乎有某种充足的理由支持着她。妈妈一过去，周沐彬便迅速从楼梯口溜下楼去，反而留下小弟弟瞪着一双莫名的眼睛愣愣地等待着。

妈妈一脸笑意，温和地与弟弟说了几句话。亲昵的神态自然到让人觉得怪异，她甚至没有像称呼亲生儿子一样叫前夫后面这个儿子的正式姓名，而称呼他为"小宝"。

回到我身边时，妈妈无可奈何的神情里没有掺杂一丝意外，儿子的态度是她一早就预料到的。但是，这种预设并不能让她高昂的情绪免受打击。她勉强打起精神，把两个袋子交给我，让我转给周沐彬。她和我说了家里的情况，又加上我的微信，请我把她拉到班级家长群里去。

妈妈走出校门，踏上那条笔直的水泥路时，周沐彬回到了他当时逃离的走廊。透过栏杆的间隙，男孩儿朝妈妈的背影遥望了一眼，他松开手，回头往教室去了。他的心情有些沉重。

我在微信家长群里，备注了两个"周沐彬妈妈"的名称。

朱宇强

野孩子

矮矮壮壮的朱宇强，满头大汗，被热心为老师跑腿的同学"传唤"了来。

他独自享受着特殊待遇——一个人突兀地站在房间正中，头顶上，吊扇摇摆着扇叶"嗡嗡嗡"转得欢快。其他孩子，都围在门口，像法庭旁听的观众。我一问，他马上露出一副可怜的神情，圆睁的眼睛显得很无辜，低声辩解了一句："是她让我去打的。"

朱宇强话语中加了重音的"她"，指的是站在门侧、自觉闯了祸正红着脸的那名一年级女生。还没等我开口，一年级男生赵皓辉义正词严地将朱宇强驳了回去："你要听一个一年级的吗？"

朱宇强张了张嘴，又感觉理屈词穷。他闭上嘴，不说话了。可能他被赵皓辉的诘问引导着，突然想到自己现在读三年级了，不应该听一个一年级女生的调唆。其实，他不过是有每次受批评都要给自己的犯错行为找个借口，看能不能免受责备的侥幸心理罢了。

一个暑假过去，重新回到学校的朱宇强变化明显。

那天，他还是像往常一样，撒着腿从操场跑过。烈日在天空炙烤，于他，却是半点影响也没有。他的头上、身上尽是晶莹的水珠，在阳光照射下，如同钻石般晶莹透亮。天气炎热的时节，厨房旁边那排水龙头成了许多顽皮孩子常用的玩具，洗个冷水脸、相互泼洒一番、惹前去洗手的女孩子尖叫几句……学校屡次强调，不能玩水，但总有禁不住诱惑偷偷前去戏耍的孩子。八九不离十，朱宇强刚才就是在水龙头下尽情清凉了一阵。

我站在走廊的阴凉处，远远注视着他。

一个假期过去，他长胖了。不仅胖了，而且眉宇间隐隐透出几分灵智之门被掩闭的混沌。

他原本是个虽然顽皮，但是机灵的孩子。

每一个正常的孩子，刚来到人世时，都是一个纯净的天使，拥有一颗洁净的心灵。有一些孩子，后天得到了足够的教育和爱的滋养，一步步成长；有一些孩子后天遭遇的境况刚好相反，灵智则慢慢滑入难见天日的愚昧峡谷。

相由心生，朱宇强的形貌、气质都在悄悄发生着变化。这种变化也许是对他十分熟悉且留心观察的人经过前后比照才能发现，但他一贯以来行为的顽劣却是尽人皆知。

听写词语，同学们都在奋笔疾书，他咬着笔头，勉强画几条连自己也不认得的"蚯蚓"，交差了事；午睡时间，安静的教室里，他不是拉扯着前排的同学嘻嘻哈哈闹得忘乎所以，就是猫着身子，在课桌椅间蹿个来回，把同学们都给吵醒；不知受什么新奇事物的吸引，最近他又添了个新爱好，在垃圾堆与厕所旁那段围墙的根部挖洞，全然不顾那里臭气熏天、蚊蝇成群……

我收到的他被同学和其他老师投诉的"恶绩"，称得上"罄竹难书"。为此，他享受了我数倍于对其他学生的关注：鼓励、处罚、表扬、批评……软的硬的轮番上阵，但收效甚微。

一天放学，他犯了错，又被数名学生投诉。按之前说定的，屡犯此错就用竹篾条打手心。挨了两下，他经受不住疼痛，龇牙咧嘴把手一抽，竹条落在我握着他手指的大拇指关节上。

事后，我一边抹红花油揉搓着微微红肿的指节，一边反省自己下手是不是太重。朱宇强爸爸多次跟我说，要我严格管教朱宇强，他绝不会因此来找老师麻烦。如果被人说体罚学生，那可就得吃不了兜着走。朱宇强的屡犯屡教、屡教屡犯，不得不让我倍感灰心受挫。而他问题的症结，跟家庭教育息息相关，家庭教育的缺失，往往导致学校教育事倍功半甚至完全付诸东流。

朱宇强是寄宿生，周五放学时，有时会碰到朱宇强爸爸来接他。

大概是因为朱宇强二年级在邓老师那里托管了一个学期，所以有什么事情，朱宇强爸爸很少与我正面交流，而是通过邓老师来跟我接洽。比如交伙食费、比如安排座位——他希望我能把他儿子放在讲台下面，放到老师眼皮子底下，以便加强监管。

我也跟他反映过朱宇强在学校的表现——其实，儿子是什么样的，爸爸十分清楚，这也是他让我严加管教朱宇强的原因——他听了，扭转头，把对我谦和有礼的神色换成凶神恶煞的面孔，冲儿子厉声呵斥，其中夹杂着"要捶死你"的恐吓性话语。朱宇强如同老鼠见了猫，低着头，一副唯唯诺诺的样子。这是他在长期"对抗暴力"的斗争中总结出的经验：俯首认错一般只要承受口头责骂，顽固抵抗往往招致皮肉之苦。

每到开学，爸爸便要松口气。把儿子送去学校"关起来"，可以回避许多令他头疼的事情。整个暑假，朱宇强如同出了笼子的鸟儿，田间地头、山野池塘到处疯玩，除了吃饭、睡觉，平时连个人影也找不到。爸爸是"做道场"的，没有时间管儿子，其实，他对教育儿子实在是无能为力。

妈妈呢，她不曾露过脸。

有几个学生，从来不在我面前主动提及父母。如果追问，他（她）便说：出去了。

"去哪里了？"

"不知道。"

朱宇强便是其中一个。

知情人跟我说："朱宇强的妈妈和别人走了。"

束手无策的爸爸

朱宇强在学校寄宿之前，每天的上下学对爸爸来说，是件令他头痛的大事。

朱宇强家住石洞村。

"石洞"这个名字取得颇为形象。从长仑卫生院东拐，沿路往山里走，弯弯曲曲走上好几里，似乎到了"山重水复疑无路"的境地，结果不起眼处山间一条缝隙，穿插过去，眼前豁然开朗。山的里面，或是山的另一边，别有洞天。群山围合的广袤地域屋舍俨然，一条蜿蜒前行的村路连通了居住在这里的家家户户，使人自然而然地想起陶渊明笔下的世外桃源。

石洞村山清水秀，空气清新，风景如画，唯一遗憾的是交通不便，进出没有正规的班车。好在村民们个个谋发展，经济上大都宽裕了起来，除了孤寡老人，多数家庭都有摩托车以供驱驰，近几年，慢慢又兴起了购买私家车的潮流，有驾照的可以自由往返街上，没考到驾照的也在乡里村间溜达溜达，交警查到下面来的时候少。

石洞村到上山学校，说近不近，说远不远，不过叫小孩子靠两条腿行走肯定还是距离太过遥远，只能是家长接送。

在我的脑海中，朱宇强的妈妈是一个神秘的存在。到目前为止，我教了朱宇强一年，妈妈从未在学校露过面。问朱宇强吧，他说妈妈在外面打工，至于什么地方，做什么，小男孩就只能是"嗯……嗯……"地支吾着，最后挠着后脑勺不好意思地笑笑说："我也不知道。"

没了奶奶（去世），妈妈又在外面，早上送朱宇强上学的，是爷爷；下午接朱宇强放学的，是爸爸。这个家庭的日常状态就是祖孙三代、三个男丁。

二年级下午只有一节课，放学早。爸爸吃过中饭，到哪个牌馆里玩两手、转转麻将或者打个盹，快到放学时间，他往摩托车上一跨、点火器一摁，转转油门，一溜烟儿的工夫就到了学校。接了儿子回家，他再出去务自己的"正业"或"副业"。

没有女主人的农村家庭，孩子容易长成野径边的杂草。

爷爷常年四季田里、地里不歇气；爸爸一个大男人撸起袖子亲自教育儿子。不过，爸爸对如何管教儿子既无方法又无耐心，用的是蛮劲。朱宇强一年级在长仑学校读，大家像嫌弃臭狗屎一样嫌弃顽劣的他。二年级，爸爸把他转到上山学校，想着换个环境，看能不能有所好转。朱宇强需要改进的地方比天上的星星还要多，短时间里根本看不出有什么明显的效果，爸爸等儿子放学时，教室里经常会传出令他如坐针毡的声音。

"作业未写的同学有：朱宇强……"

"上课讲话的同学有：朱宇强……"

"乱扔垃圾的同学有：朱宇强……"

……

一同在走廊上等孩子放学的家长，有人开始用戏谑的语气打趣爸爸："你屋里朱宇强天天有名字啊。"

爸爸下决心好好管管儿子，没有正业可做的时候——他是个道匠师傅，即有人离世做道场时被请去做超度亡灵的法事——空了好几天没去打牌，守着儿子在家写作业。

爸爸的努力最终以他愤怒的宇宙频频"噼里啪啦"闪出电光火花，直至完全爆炸收场。

朱宇强写作业的情景是这样的：作业本刚拿出来，男孩儿表示口渴了要喝水；喝完水，屁股还没坐稳，他觉得内急要上厕所了；等上完厕所，他说肚子饿得咕噜咕噜叫，都没了力气……

总之，他有无数比写作业紧急、重要的事情要做。

爸爸觉得忍无可忍无须再忍，一巴掌拍在桌子上，口里发出的怒吼声简直要震聋儿子的耳朵。朱宇强在爸爸的怒火下不得不结束他烦琐的事务，噘着嘴不情不愿地坐到凳子上拿起铅笔。当然，正式开动之前，他还要削铅笔，写作业没有笔总归不行。

用小刀削铅笔是个技术活（爸爸也给买过许多次卷笔刀，无一例外，一天工夫不到卷笔刀便尸骨无存）。笔尖削太粗或太细都不合适，一个不小心还会削断，又要重来。好不容易，铅笔终于削好了，可以开始写作业了。朱宇强一笔一画艰难地写下一个字，咦，不对，写错了，擦！再写，还是错了，擦！……擦！擦！擦！笔头擦秃了，作业纸擦破了，还没几个完整的字写出来。

忍无可忍，无须再忍！一旁虎视眈眈的爸爸再次爆发，内心的气愤仿佛是谁往滚烫的油锅里喷了水，怒火一腾数丈高，他顺手抄起墙角的木棍或是干脆直接扬起胳膊朝儿子抡过去，恨不得打死眼前这个"杂种"了事。

最后，发泄完怒气的爸爸无比绝望地把儿子的书本脆声一撕，撂下一句并不能实现的狠话宣告他的认输："不写作业，干脆莫读了！"

朱宇强的作业一如既往地不写，但学照样上。反而是爸爸，再去学校时被我不轻不重地说了一句："孩子要管，但要注意方法，以后还是别再撕他的书了。"

满怀挫败感的爸爸选择的是从此放弃盯着儿子写作业的雄心壮志。放学后把朱宇强接到家里，这边儿子脚才落地，那边"爷老子"便头也不回地扔下一句"你要写作业啦"，排气管里冒出的青烟还没消散干净，人和摩托车便已消失在邻居家的拐角处。

至于朱宇强在家里写没写作业，干了些什么，就不管了。眼不见为净，别把自己气死要紧。

后来，爸爸得知本村同组的邻居家有个小女孩在上山学校念一年级，她妈妈天天要接送。一、二年级放学时间一致，他和邻居商量，两人轮流接送，一人负责一天。

他从此可算松了口气，肩上的担子卸下了一半。不过，邻居阿姨并不像他那样"合作愉快"。因为放学后，朱宇强往往要拖延好一段时间才可以离校，叫她等得十分不耐烦。

当别的孩子跑的往外跑、拿着扫把打扫教室的打扫教室时，朱宇强则仿佛屁股上粘了强力胶水，老老实实坐在他零乱得像是摆地摊的课桌边磨磨蹭蹭艰难书写——不是课堂作业还没写完，就是违反纪律被罚抄词语……

着急回家的邻居阿姨手里的摩托车钥匙像装了个弹簧，从左手跳到右手、又从右手跳到左手，以此来表达主人内心的焦躁。我一宣布放学，她就急不可耐地从门口走进教室，扬着高八度的声调冲朱宇强嚷道：

"你怎么得了,又没写作业。"

"你不要东看西看了,赶紧抄。"

"今天又是你违反纪律次数最多,你怎么得了。"

"你会被你爸爸打死去。"

……

除了嗓音高昂一点,邻居阿姨其实还是很和善的,婴儿肥的红黑脸上一双总是笑眯眯的眼睛,此时颇有怒其不争又哀其不幸的神色。她和我说,朱宇强经常被他爸爸打得鬼哭狼嚎,可惜他不记事,打的时候怕,过后就忘。

邻居阿姨的话叫朱宇强想到爸爸的"严刑峻法",脸色一白,畏怯的眼睛迅速瞥她一眼,低着头发狠写起来。

这样轮流接送孩子的合作没有持续太久,一段时间后,邻居阿姨把她的女儿托付给班主任邓老师,放到学校读寄宿,自己出去打工了。朱宇强爸爸重新回到一个人接儿子放学的日子,不过,他得了邻居的启发,二年级上学期还未结束,就早早和邓老师商量,要把朱宇强也放到学校寄宿,拜托邓老师照管。

二年级下学期一开学,大地还没有完全解冻,田野里的小草还潜伏在枯黄的稻茬下偷偷张望天空时,朱宇强带着卷成筒状的铺盖来到学校,成了一名寄宿生。

爸爸放下了心头大石,从此他只需要在周五下午来接儿子放学,可算解决了一件大麻烦事。

朱宇强的妈妈

教学楼一楼两间教室,挨挨挤挤放了十几张四方木桌、几十条或完好或破损的红蓝塑料方凳，就布置成了餐厅，供近两百名师生就餐。

每到中餐时间，餐厅里人声鼎沸，谈笑声、争吵声、嬉闹声、斥责声……此起彼伏，掀起一阵阵声浪。就餐过程中，又有学生穿梭往来，有因受了"欺负"而带着愤怒委屈神色前去老师那边告状的，也有胃口不错又怕中意的菜瞬间被吃个底朝天而以称得上鲁莽的动作冲到教室头尾处添饭的，还有惦记所带零食或因零食吃太多而无心正餐、没扒两口想趁老师没留意溜出去的……

正在这样一个热闹的时间和热闹的场所，朱宇强的妈妈像一道亮丽的风景出现在餐厅门口——宝蓝格子的羊毛呢风衣裁剪得体，衬托出紧致而饱满的身材，肌肤润泽光亮，眉眼嘴唇都经过精心修饰——她朝黑压压的人群里张望，显然没能一下子找到她的儿子，但她看到了坐在门口这一桌的老师。

我指了指朱宇强所在的位置，在餐厅尽头。她笑了笑，让略显阴沉的天色瞬时亮了亮。她没有说话，只是用这笑容算是朝在座的所有老师都打了个招呼，然后退身出去，从走廊转到后门去找儿子。

她一走，坐在我对面的李鹏飞老师就意味深长地笑了。

"难怪……"他说。

大家都看着他。

"难怪朱宇强的妈妈……"他成功地引起了我们的兴致，"你看，口红涂得这么鲜红……比他爸爸胜些不……至少个子都高一截……"

李鹏飞老师是朱宇强的数学老师，又是本乡本土人，对这个学生父母关系的传言耳闻已久。

他每次都只吐露半句话，留半句空白叫你去遐想、去揣测。可是听话的几个人一齐笑了，带着被答疑解惑的了然。

145

不多久，朱宇强妈妈又回转来。

开学没几天，朱宇强的数学书就不见了，他一直是一个粗心的孩子。妈妈想到街上新华书店去买一本，但没找到。现在，她来问问老师有没有其他办法可想。

我还在沉吟，李鹏飞老师抢先回答说："那有什么办法呢，也没有多余的。除非是下课的时候，把我的书给他。上课的时候我自己要用。"

我也补充了一句，让她去找找读过三年级的学生，看能不能借一本。

她点点头，道声谢，走了。这一回是离开学校，回家去了。

她一走，老师们这一桌便像炸开锅似的议论开了，其间混杂着对李鹏飞老师的打趣。

"是长得不错！"

"确实。"

"难怪鹏飞这么热心，原来是看在美女的面子上。"

"爱美是正常的。有什么不好意思？"

"什么热心？反正不上课的时候，我的书也用不着，对其他学生我也会这样。"李鹏飞老师反驳了一句，呵呵直笑。

朱宇强很快到虚岁十周岁的生日，妈妈想等着他生日了再出去。十周岁，毕竟是个不一样的日子。

半年后，朱宇强的妈妈回到湘乡，在城里做房屋中介的工作，同时，她和朱宇强的爸爸办理了离婚手续。

许家姐弟

打架

赵皓辉坐在教学楼后墙根矮矮的台阶上。

他托着腮帮子，望着不远处躺在水泥地上的许聪慧，静默着，看不出在想什么。

同是一年级学生的许聪慧四仰八叉躺在水泥地上，满身的灰。侧身、翻个滚，他爬了起来，眼里的泪珠簌簌直下。坐在地上哇哇哭了几声后，许聪慧突然站起身，攥了攥拳头，朝站在赵皓辉身边的女孩冲去。男孩怒目圆睁，口里还发出野兽般的怒吼，女孩被吓傻了，瑟缩着，挨了他两拳头，也不敢哭出来，只是憋红了脸，后退，横过楼梯口，远远躲开。

赵皓辉一直稳稳坐着，一声不吭。他抬头瞅瞅许聪慧，又远远地望我一眼。

此时，正是午间休息时间，秋日的艳阳火辣辣地燃烧着。教学楼投下的四边形狭长阴影里，是那些爱呼吸自由空气的孩子们蹲坐游戏的好地方。

许聪慧没有追过去，站在原地扯开喉咙伤心大哭起来。看来，挥出去的拳头发泄了他的怒火，也让他情绪的激流冲到了更开阔的河床。

两个年纪大一点的女孩子从校园一角穿过后操场，快步朝他走去。其中一个搂着他，低头，轻声问了几句。那是许聪慧的姐姐，许丽。许丽是我班上的学生，刚上三年级。

一群孩子浩浩荡荡地走过来。

我的寝室正对教学楼的过道。

许丽和许聪慧的父母闹离婚多年了，平时两人各自在不同的地方打工。间或回来，妈妈会特地岔开时间，避免和爸爸碰面。奶奶在城里给人做保姆，只有中秋、端午之类的节日才回来吃个饭。爷爷在家，经营一家微型豆腐作坊，照料孙女、孙子。

我到他们家去做家访时，问家里的情况。爷爷嗫嚅着，不知是不愿家丑外扬，还是语言表达能力有限，好一会儿也没说出个所以然。站在旁边的许聪慧，着急了，嗒嗒嗒，像机关枪扫射似的，把情况说了个清清楚楚。

那时候小男孩还在读学前班，不足六岁。我夸他聪明，他很高兴。"我的名字就是聪慧嘛！"他说，眉宇间闪动着一股天生的机灵劲。

现在，许聪慧读一年级了。

站在我跟前的他，脸上黑灰混杂，斜挂鼻梁的疤痕，因为情绪激动，枝节毕现，像一条大红蜈蚣盘踞于上，整个人看起来带着一股混沌未开的戾气。

"是她叫朱宇强打许聪慧，许聪慧就发了猛。不过，许聪慧脾气不好，他经常发猛。"同样是一年级的赵皓辉靠着门框右侧，指了指挨了许聪慧两拳头的女孩，向我说明情况。

"猛"是方言，类似于"狠"。朱宇强是我教的三年级学生。

孩子们自觉站成两个方阵。当事人在左，旁观者在右，中间留了一条不宽的缝隙作为分界线。除却因为想妈妈时不时哭哭鼻子，赵皓辉显示出超乎年龄的成熟与稳重。

小丰老师从外面的走廊经过，看到许聪慧，突然想起什么，停下脚步，问："许聪慧，你这个月的伙食费怎么还不交？"

她又看看许聪慧身边的姐姐许丽，问我："许丽的交了没有？"

我翻了翻交费登记表，告诉她，许丽的爸爸一开学就存了几百元钱放我这儿。

"哦……是……"小丰老师应了一声，又转过头对许聪慧说，"你的归你妈妈交。"她把许聪慧和那名女生带走了，其他围观的孩子也跟着走了。只剩赵皓辉，他没有走。

赵皓辉还是保持倚靠门框的姿势，看着我整理东西。半晌，他突然微微一笑，说："今天我可以回去了。可以在家里待好几天。"

他叹了口气，声音很低，几不可闻。可以回家了，他感到了幸福。

据了解，赵皓辉，非婚生子，寄宿生。母亲在朝阳桥附近的小工厂做工，继父在广东务工。

老师，我要吃药

门口传来两声敲门声，然后，门被推开了。

许丽噙着笑，嘴角露出两个梨涡，像棵小树苗亭亭地站立在那儿。这两个浅浅的小旋涡冲淡了她脸上那块巴掌大的黑色胎记带来的恐怖感，露出几分女童的娇嫩和羞涩。

天气实在太冷，多半时间我都把门虚掩着，试图挡住外面吹得人头痛的嗖嗖寒风。南方冬天的室内和室外一样寒冷，不过空气是静止的，让人产生一种幻觉，似乎身上散发的微不足道的热气尚在狭小的空间滞留，缓慢聚集，反馈人以温暖。

门一开，光线随之一亮，迎面扑来一股清爽到刺骨的寒风，我不由得打了个寒战。

"老师，我今天要吃药。"

许丽拿着一包感冒冲剂，这是昨天爷爷带她去诊所，村上的医生给她开的。她需要到我这里借用杯子、倒开水。

"一天三次，每次一包，饭后服用。"昨天，医生是这样叮嘱爷爷的。

爷爷低头问许丽记住了没有，她连连回答："我记住了，记住了。"在诊所打了瓶吊针后，烧退了，她虽然有点疲倦，但神志清醒许多。弟弟在一旁凑热闹，笑眯眯地说："我也记住了。"

爷爷叹了口气，向医生道了声"辛苦了"，带着两个孩子在黑沉沉的夜色里顶着刀削般的寒风往家里走，家里还有一摊子的事情等着他，做饭、收拾豆腐摊、泡豆子……

除了刚读一年级的弟弟许聪慧，许丽还有一个正读高一的姐姐。姐姐许彬很能干，放半月假回家时，爷爷能松松担子，喘口气。

这两天，许彬扮演妈妈的角色——带着弟弟妹妹搞卫生，重点是把二楼几间房屋仔细、彻底地打扫一遍。姐弟仨擦家具、拖地、叠衣服，干得是热火朝天。用许丽的话说，"楼上是我们的"。"我们"指的是妈妈加三姐弟，"我们"的对立面是爷爷奶奶和爸爸。爷爷奶奶不消说，他们不属于小家庭范畴。爸爸呢，被妈妈各种嫌弃，其中一条是不讲卫生，太过邋遢。儿女们受了熏陶，全同妈妈一个阵营挤对爸爸。不过，现在，妈妈去了温州，在一家鞋厂里打工，家中的母系权威移交给姐姐许彬，两个小的都唯她马首是瞻。爸爸也出去打工了，奶奶常年在城里，给人当保姆，只有逢年过节回来吃餐饭，甚至都不在家过夜。所以，楼下，实质是爷爷一个人的——土砖老房子留了两间没有拆，是爷爷的豆腐加工坊；红砖新楼房堂屋被一个庞然大物———辆小三轮机动车占据，那是爷爷卖送豆腐的交通工具；堂屋后面是墙壁已被熏黑的、挂着蛛丝网的饭厅和灶屋。一个貌似发育不良的葫芦状的电灯泡由一根细长电线拉扯着，悬挂在一张方方正正的八仙桌上空，因为积满了数年的油烟、柴灰，灯泡亮着的时候，也仅是发出昏昏沉沉的一片黄光，没精打采地看着横七竖八躺在灶台四周地面的零星柴火发愣。

邻居家的孩子过来玩，向往到楼上去。楼上是一个亮堂、清洁的世界。如果得到姐弟的特许，孩子们会主动在楼梯口把鞋子脱了，打着赤脚或换双拖鞋再上去。二楼贴着瓷片的地面擦得锃亮，客厅里摆放着妈妈购置的鲜红色皮革沙发，除此之外空无他物。小猴儿们可以在地面像小猫小狗似的爬行，又可以像大狗熊一样从这边滚到那边，为地板的清洁继续做贡献，所有人，到了楼上，都自觉地维护像传递奥运圣火一样从妈妈那儿传递给姐姐，姐姐又传递给大家的秩序。

爷爷基本上是不上楼的，他所有的时间都安排得满满当当，但他性子缓，并不着急，只把事情一件一件地来做。爷爷靠做豆腐、卖豆腐营生，方圆几里内的熟人直接叫他"豆腐老倌"。做豆腐是辛苦的行当，半夜三更，天还乌漆墨黑，就得起床磨豆子，接着把豆浆煮沸、去渣、凝浆、成型，一套工艺下来，时间在悄无声息中偷偷溜走。等老人嘘口气，伸直腰杆、捶捶背，透过窗户玻璃，已经可以望见东方天际的鱼肚白。

吃过早饭，孩子们去学校读书了。老人把沉甸甸的豆腐匣装上三轮车，车子"叭叭叭"地吐着黑烟，慢慢悠悠爬行在周围几个村子像树根一样四通八达又蜿蜒盘踞的水泥路上。随身携带的小喇叭在寂静的房舍屋檐和林木修竹间神气活现地宣告老人的行迹："卖豆腐哦……卖豆腐哦……"多数时候，要等到西天最后一抹余晖即将沉没，左邻右舍家家户户灶屋顶青灰瓦片上冒出袅袅炊烟时，标志着老人归家的三轮车才会出现在门前池塘边的路上。

稍微拾掇，老人走进灶屋，拉开那盏落满烟灰的灯泡，在昏黄的灯光下，做名副其实的"夜饭"。湘乡人管吃晚饭叫吃"夜饭"，大概是很久以前，人们每日从早做到黑，要到夜深才能歇息吃饭。不过，如今这个时代，多数人家的"夜饭"都是佐着西方满天的云霞来吃的，算不得真正的"夜"饭。两个孩子，到爷爷做饭的时候，自然会钻出来。或是从楼上下来，或是在外面玩耍，看到爷爷的小三轮一路小跑跟着回来。

好在，总有大的管着小的，这一点爷爷不用担心。

担心也没用。

今晚的夜饭要更"夜"了。

爷爷的车刚出现在村口拐弯的第一个坡上，小孙子许聪慧就迎上来报告："姐姐生病了！"

六岁的男孩儿，脸蛋被风吹得通红，一脸焦急，他在那儿张望了很久。

"老师，这是中午吃的。"看到我接过药包准备给她冲泡，许丽赶紧制止，并解释说。她记得很清楚，医生交代是饭后喝，早上的那一次她在家里吃过了。

"噢，好……那……吃过中饭，你记得过来。"我放下药包，吩咐她。

她点点头，与陪她同来的几个女生一起穿过后操场洁净又而冰冷的水泥地面，往教学楼走去。

一阵短疾、锋利的寒风送来她们隐约的对话：

"老师说什么？"

"让我记着吃了中饭过来吃药。"

伙食费过段时间交

穿过教学楼，一眼看到老师的办公室，许丽的心便剧烈地颤了一下。她的脚步更沉重了，硬着头皮，再走两步，便无论如何再也不能往前跨出一步。她站在操场上发起呆来。好在爸爸并没留意她，只自言自语嘟囔了句"先去找彭校长"，便径直走了。

弟弟看到他班上的同学，欢呼一声，也跑开了。姐姐呢，姐姐是自己去花坪中学报到的。

现在，只剩下她一个人孤零零地站在操场中央。身边有穿梭往来的同学和家长，他们像蚂蚁觅食一样，在前面那栋树荫下的房子里进进出出。她看到爸爸在好几间房子的门口把头挨个探进去，问着什么，但他去的不是自己的班主任冯老师的房间。最后，爸爸似乎获得了确切的信息，目标明确地往食堂的方向疾步过去。

没多久，两个男人从食堂出来，并排往办公室来。父亲个子高，低着头，斜着身子，急切地跟校长说着话。她看着爸爸的嘴巴一张一合，仿佛有许多奇形怪状的符号从他的嘴洞里蹦出来，在空中争先恐后地朝她涌过来。他们穿过操场时，她听到了零星的几个字眼："……一个星期……绝对……"

她看到校长领着爸爸分开拥挤着的人群，走进老师的办公室，像一滴水融进了池塘；她看到这池塘的水，分开又立即合拢了，水面很平静，似乎并没有发生过什么……

一片浓绿里透红的老叶旋转了两圈，从她眼前直直地扑落在地面，她在心底感到一阵疼痛，仿佛是自己重重摔在坚硬的水泥地上。

女孩儿被这疼痛惊醒了。她往树下挪了两步，让粗壮的树干挡住自己小小的身躯。她不想让老师看见她，她害怕爸爸扬着那粗哑的嗓子把她叫进去，她想象着，那围观的人好奇的、鄙夷的、同情的、嘲笑的目光会比冬天凛冽的风加倍的刺骨。

她不知道爸爸进去了多久，有两个同学欢天喜地地从里面出来，往教室跑。有人不经意间看到了她，特地绕过来同她打招呼："许丽！许丽！你报了名没有啊。我看见你爸爸在老师办公室。"

是她的好朋友曾惠妍。两个女孩儿住得不太远，假期里，也偶尔会在双板桥碰面。她不得不扯扯嘴角来回应曾惠妍，这个比闪电还快的笑很快湮没在冒出的哭意上。但她终究没有哭，只狠狠地咬了咬嘴唇，把眼泪给逼了回去。曾惠妍却露出恍然大悟而又吃惊的神情，朝办公室瞄一眼，压低声音说："你的寒假作业没写完？"

办公室里，高大的父亲站在校长旁边，他的腰背有些佝偻，脸上挂着卑微的笑，对我说："伙食费保证过一个月就交来。校长担保！"他又转过头对校长说："你晓得，我是说话算话的。"

校长是当地人。

许丽，姐弟仁，均在读书。父母关系不睦，闹离婚多年。妈妈长年在外，偶尔回来，但这次未回家过年。父亲从去年起在外打工，年前回家，孩子开学后继续外出务工。

去和妈妈相会

快过年了,姐弟仨登上了前往邻县新化的火车。

火车缓缓启动,车轮撞击着铁轨,发出"哐当、哐当"有节奏的声响。这是一辆慢车,经停湘乡和新化这样的县城小站。透明的窗户玻璃上隐约映出三人的影子。最大的女孩许彬十五岁了,正在城里的树人中学读高中,她挺直腰板,端端正正坐在蒙着深绿色人造革的座椅上,带着超出年龄的干练和沉稳;老二许丽九岁,在上山学校读三年级,她紧紧抿着嘴巴,眼睛瞪得圆滚滚的,一眨也不眨地盯着正前方空中的某一点,努力控制着心里的忐忑与兴奋;最小的是个男孩,许聪慧,不到七岁,在上山学校读一年级,在大姐姐目光的约束下老老实实坐着,只眼睛不时好奇地四处打量几眼,他一会儿看看车厢里走动的乘务员,一会儿又扭头望望窗外。车窗外,深冬荒芜的田野、漾着粼粼细纹的池塘、墨绿色的小树林、低伏的小山丘,像一只只兽,撒开腿朝着与火车前进相反的方向奔跑而去,越跑越快,倏忽便没了踪影。

前方,妈妈在新化车站等着姐弟几个。

到妈妈那里去过年,爸爸本来是不肯的。大女儿天天软磨硬泡,且读了书,说起道理来一套一套的,倒比父亲厉害多了:

"妈妈不是我们的妈妈了吗?"

"你一年到头没在家,我管好弟弟妹妹了吗?要你操什么心了吗?现在,我们就是想去妈妈那里和她待几天,这个要求总不过分吧。"

"妈妈在外婆家也只过个年,如果这次我们不去,不知道要过多长时间才能见到妈妈了。"

"妈妈没有不管我们,前两个月妈妈就回来看过我们一回。"

"不用你送,我带着弟弟妹妹自己去坐车。"

两个小的也跟着起劲得厉害,你一句"我想妈妈了",他一句"爸爸,你就让我们去吧",成天七嘴八舌,嗡嗡嗡,嗡嗡嗡,闹得爸爸头昏脑涨。

最后,他实在无话可回复三个儿女,只得气鼓气胀地丢了句"我是没得钱给你们的",就听之任之了。

路费是奶奶给的。

一大早,几个孩子穿戴整齐,收拾好东西安安静静地跨出了家门。刚走过屋前塘头上的那棵大树,几个人便忍不住发出胜利的欢呼,沿着静谧的乡村小径一路疾跑起来。最后,他们顺着地势冲下一个陡坡,放缓脚步,再走几步,就到了县道上。大姐清了清嗓子,威严地对两个小的说:"停下!听着,你们俩都得听我的,不要吵、不要闹。做不做得到?做不到的话,现在就打转回家。"她的目光从妹妹身上巡视到弟弟身上,仨人都还微微喘着气,脸上泛着淡淡的红晕。许聪慧人小鬼大,马上表明态度:"我知道!我知道!我们全都听大姐姐的!我不会调皮,大姐姐放心。"

三个孩子上了从宁乡、白田方向到湘乡街上的班车,班车的终点是位于城北的汽车站。下车后,大姐领着弟弟妹妹,穿过几条人群熙攘的街道和小巷——快过年了,返乡过节的人把整座小城都填满了——步行大约三里路到奶奶当保姆的那户人家家里去。以前他们也去过的,在火车站附近。

奶奶对这件事情没什么意见,孙女孙子们想去看妈妈,那就去吧。不管怎么说,媳妇生了三个孩子在这里,有儿有女,算对得住这个家了。媳妇性格泼辣,人也洋气,原本也是因为娘屋里穷,想日子过得好点才嫁到湘乡来,后来慢慢开了眼界,心便不那么安分了,开始嫌弃儿子懦弱没本事,赚不到钱,闹了好几年要离婚。没钱,没得舒服日子过,哪个漂亮女人能安心?奶奶是个女人,又长年在城里住着，比儿子更能理解媳妇心高气傲中对现实的不甘。

奶奶做保姆的主家只有一个近九十岁的孤身老汉，她照料了多年，有些情分，以前孩子们偶尔上次街，也会过来歇歇。奶奶做了中午饭，招呼孩子们吃了，掏出钱来交给老大，叮咛着"要好点"。姐弟几个点头不迭，出发往火车站买票、坐车去了。

开学后。课间，我在教室整理着讲台上的东西。

讲台很简陋，是由已被淘汰的双人课桌充当的，桌面的原木纹路已被坑坑洼洼的小洞割裂。许丽站在一旁不时瞅瞅我，她想看看我有没有什么事情叫她帮忙。

我没有什么需要她帮忙的，看她一直在旁边张望，就问她过年妈妈有没有回家。许丽落落大方，口齿伶俐，我一问她，她便兴致勃勃地向我描述去外婆家过年的情形。

"……从新化火车站到外婆家很远，要坐车，妈妈在车站等我们……没有给压岁钱，不过给我们买了新衣服……那边没有我们这里好。土路，很脏，下点雨到处都是泥巴水；房子都是红砖的，没有贴瓷片……妈妈在那里没有自己的房子，我们去的是外婆家，在外婆家过年……"

我感到奇怪，问："那妈妈为什么不回湘乡来过年？"

女孩儿迟疑了，沉吟了片刻，不一会儿，她郑重其事地开口：

"因为我爸爸妈妈离婚了！"

女孩的眉宇间有一抹浅淡却顽固的乌云，然而，她努力地睁大双眼，平静着脸色，显出一副若无其事的模样。

"我怎么知道的？以前我们家附近的人就经常议论，说他们（爸爸妈妈）要离婚了……后来妈妈走了，好久也不回来，我就知道他们真的离婚了……妈妈现在在温州，我舅舅也在那里，她在一家厂子里做鞋子……"

我看着眼前这个女孩儿。

女孩儿脸上有一块巴掌大的墨色胎记，几乎覆盖了她的整个脸部。胎印下的五官，端正大方，神气里隐隐透露出一种野生物种才有的早熟与犟劲。或许习以为常，也或许是因为她一向活泼，并没有哪个同学因为这块难看到恐怖的胎记嘲笑、疏远她，连她自己，也并未因此苦恼过。但是，从一个八岁的女孩儿口里这样认真地吐出字正腔圆的"离婚"两个字，却让我一下子触及了孩子颤抖的心灵。成人的生活，对她来说，本还遥不可及，但父母的长期不和与最终离异，却让女孩儿窥见了一个纷扰复杂的世界。

开学一个多月了，许丽和弟弟许聪慧中午在学校吃饭的伙食费尚未缴纳，我几次想催催，又几次欲言又止，我怕提及此事，会伤害到孩子敏感的心灵。

女孩儿还没体会到脸上胎记对自己外形造成的影响，但她已经懂得了贫穷与尊严。开学来，她的神经一直绷得紧紧的，伙食费的事情成了埋在心底的一颗地雷，她忧虑着，害怕我会突然提起，更害怕我会当着全班同学的面提起。

她小心翼翼地度过每一天，生怕我对她哪处表现有丁点儿的不满，她按我对同学们提出的要求做好每一件事情：上课她是全班坐得最端正的，她把字写得工工整整、漂漂亮亮，打扫卫生时苦的累的活儿她抢着干……她靠这些努力来缩小贫穷带给自己和同学，特别是几个好朋友之间的差距。

我想，她需要赢得老师的赞许和同学的羡慕，来将弯曲的脊背挺直。

昀如

女儿长大了

阳光慷慨的时日告一段落，小雨淅沥，带来的丝丝寒气一点一点耐心地擦拭阳光留下的温暖。路面十分洁净，像正处妙龄的农家少女，洗净劳作的尘垢后，露出素雅清秀的脸庞来。

上午第二节课后，大课间的"阳光体育"活动结束，我锁了房间的门，提着包，准备开车到乡政府去参加一个活动。一群孩子朝我跑过来，透过半开的车窗，七嘴八舌地问开了：

"老师，你要走了吗？"

"老师，你要去哪里？"

"老师，你要干什么去呀？"

……

我一边发动车子，一边含糊地应答。我转过脸，仔细看了看那些像麻雀一样叽叽喳喳嚷叫的学生们，揣测他们问清自己的去向，是不是有打算趁我不在学校坐镇大闹天宫的意图。

但他们只是在问，脸上写着恐慌和疑惑。

对绝大部分的孩子来说，和老师在一起的时间远远多于和爸爸妈妈的相处时间。老师代替了妈妈的位置。从周一到周五，他们和熟悉的、全心依赖的老师在那方由高高的围墙划出的并不宽阔的天地，一起学习、游戏、生活，心里有一份踏实和安定。现在，原本是老师和他们共同度过的时间，变成他们独自留在学校——虽然，老师在学校的时候也并不是时时都在他们看得见、摸得着的地方，可是，他们的心是踏实的。他们知道，老师总在这个磁场的某个角落，需要的时候一定能找得到。现在，老师要离开，他们感到心里失去了一块，又空又慌。

老师这么一走，会不会像爸爸妈妈一样，要过上漫长、难熬的等待才会回来呢？昀如站在车边，眼巴巴地望着。她要非常非常努力才可以控制自己，不让双手扒到车窗上去。

昀如不是那种一眼看上去就很乖巧、柔顺的女孩，但也不是缺乏管教、大大咧咧的"野孩子"。她只是比较"刚"、比较"硬"。微黑的脸蛋上，眼神明亮，做什么都很专注、执着的样子。开学不久，根据她的表现，我把每天在黑板上写当天课程安排的任务交给她，她就一直怀着一种荣耀感，兢兢业业地把这件事情做好，从来不曾有哪一天忘记。除了在刚开始的一个早上，我跟她交代说以后别在早自习写，此后，写课程这事儿就再没让老师操过一丁点心。一个刚上二年级的七岁女孩，能做到这一点，我是很赞赏的。我在班上表扬昀如能干负责时，女孩儿开心地笑了，虽然端着一点点矜持，但眼里闪烁的光点，却像夏夜的星星一样明亮。

日子一天天过去，田野清晨的露水开始透着寒意的时候，妈妈回来了。

很突然，也很无感。

女孩儿记不清到底有多长时间没见到妈妈了。仿佛很久，也仿佛很短暂，时间在这件事情上已经失去了意义。对"妈妈"这个概念，她的认知是混沌的，仿佛自己是从石头里蹦跶出来，直接掉落到爷爷奶奶的怀抱里，她就成了他们的宝贝孙女。

对"妈妈"，她从不期盼，也不等待。

一年，还是两年，或者更久？反正，这是妈妈第一次来她的学校，而女孩儿已经读二年级了。

昀如领着妈妈来到学校，然后，她走进了教室，走进了让她感到熟悉和自在的伙伴们中间。妈妈站在教室后门的楼梯口，有些同学从她身边经过时好奇地看她一眼——妈妈很漂亮，气质出众。这短暂的一眼并不让孩子们的脚步停滞，他们一个个的，像鱼儿游进池塘一样进了教室。

早自习的上课铃响了。

空荡荡的走廊上只剩下妈妈孤单的身影。

初冬的清早，云层有点厚，阻隔了阳光的温暖。

站在教学楼的走廊上，可以倚栏极目远望，眼前是广阔的原野以及远方如水墨画线条的群山。一间间教室传出朗朗的读书声，更加凸显出这片天空的寂寥空旷，就连不远处横贯田野的公路，也久久地静默无语——没有车辆，也没有行人。

这种宁静，是生活在人流熙攘、耳畔喧哗的城市中的妈妈鲜少体会得到的。妈妈在武汉工作，是一家大型餐饮酒店的大堂经理。

昀如妈妈是这个班级学生母亲中罕有的"屈尊下嫁"。二线城市长大的姑娘，遇到了来武汉打拼的异地男子，乡间长大的年轻人所特有的活力、野性、勤奋让姑娘耳目一新——他虏获了她的芳心。在年轻的姑娘还没有清晰地意识到这意味着什么的时候，他们以爱情那神圣的名义结婚了，不久后，便生下了粉雕玉琢的女儿，昀如。爱情走入婚姻，浪漫归于现实，一切不容回避的问题纷沓而至。她是个美丽、能干、有事业心的新时代女性，不能也不会因为生下了孩子而把自己封闭在家庭这一方狭小的天地里。然而，孩子怎么办呢？虽然婆婆来照顾了几个月，但也有诸多不便，后来，一家人商议，由婆婆将尚在襁褓的昀如带回位于湘乡农村一个偏僻村子的公婆家，由老人照顾。

妈妈重返职场，工作忙碌，特别是节假日，在这种多数人休闲放松聚会欢乐的时候，餐饮业的生意是火爆的。所以，她不可能趁节假日去看望女儿。除了"工作忙"这个堂而皇之的理由，她到湘乡来的次数屈指可数的深层次原因是，在她的意识里，她嫁的是昀如的爸爸，而非丈夫出生与成长的那个贫穷、落后的乡村。那实在是太遥远了，仿佛两个世界。提到湘乡，她的婆家，在武汉的时候，她说"到"湘乡去；次数有限地、偶尔地出现在湘乡，她说"来"湘乡；她从未说过"回"湘乡。虽然，她的女儿在那个地方一天天长大。

秋末初冬之季，初来乍到的寒冷似乎暂时束缚了人们外出就餐的兴致。妈妈想：休两天假，去湘乡看看女儿吧。

她只有两天时间去看望女儿，包括往返。

这一趟，她发现了与以往不一样的地方。

首先，来的过程不那么难了。早几年，湘乡扩建火车站，一修就是几年，武汉有途经湘乡的火车，但不能停靠。她在长沙火车站下车，然后到长沙汽车南站乘坐往湘乡的汽车，到了湘乡后再转湘乡市区往白田、金薮镇去的班车。这几趟班车，经过公婆家的村子。下了班车，已经疲备不堪的她还得强打精神步行几里沙砾石子路才能到达最终目的地。一般情况下，她只住一晚，身体还没恢复，第二天又得匆匆往回赶，将之前的路线再逆向经历一次。所以，就算她不计较公婆家条件的简陋，光是路途的艰辛，都让她一想便不寒而栗。

现在，湘乡火车站的扩建竣工了，村里也修了平整的水泥路，从武汉过来，可以坐火车直接到湘乡，再叫个的士，直达公公婆婆家，省了很多身体上的折磨。

最让她吃惊的是，女儿长大了。而她的记忆，还停留于那个在她臂弯中冲她咯咯直笑的粉嫩一团。

女儿放学回家时，妈妈已经到了。

女孩儿看到妈妈，略微地惊讶后，礼貌而生疏地叫了句"妈妈"，仿佛家里来了一个并不很熟络的普通客人。没有惊喜、没有尖叫、没有冲上来的拥抱，没有一切一个女儿见到别离已久的妈妈的亲昵或激动，甚至当妈妈探过身想要拉起女儿的手把这具温软的小身躯搂在怀里时，女儿后退了一步。对妈妈的亲近，女儿本能的反应是挣脱。妈妈感到心头涌出一股难过的愤怒，似乎是气愤女儿的不领情——她将两只手都伸了出去，柔和的语调里隐隐流露出强硬的态度。她说：妈妈来看你一次不容易，你不跟妈妈抱抱吗？

爷爷站在堂屋的门口，嘟囔了几句什么（昀如读书后，奶奶去广州打工了，留爷爷在家带着孩子）。妈妈听不懂说的什么，或许是呵斥了孙女，也或许是叫媳妇不要性急，也有可能在那儿埋怨妈妈管女儿管少了。

这一次，女儿依顺了她，让妈妈把自己搂在一个散发着香气的冰凉的怀里，但那小小的身体一直僵硬着，主动拥抱的人没有接收到一点儿情感的回递。

妈妈勉强维持着脸上的笑容，内心的沮丧几乎将她淹没。也许，只有短暂的一秒钟，妈妈收回了双手。

女儿说：妈妈，我要去写作业了。妈妈看着女儿走进了隔壁房间。

冬季下午的天光，在敞开着的大门处划了片稍许明亮的领地，屋里的其他地方，都在昏暗中沉默着。

房子很大，也很肮脏很凌乱。

晚饭时，妈妈又做了一次尝试，她看着埋头吃饭的女儿，说："昀如，今天晚上你和妈妈睡吧。"她是出于责任而非想念来看望女儿的。但见到女儿之后，她却发现自己很想抱抱女儿，亲亲她细嫩的脸蛋、摸摸她光滑细腻的肌肤。

女儿抬起头来看了妈妈一眼，又转头看了看爷爷。她说，她是跟爷爷睡的，习惯了。

女儿拒绝了她。

冬天的夜，早早地来了。晚饭后，窗外已一片漆黑。

她躺在床上——公公婆婆给他们夫妻准备的婚床，因为只睡过很少的几次且缺乏归属感，此刻对她来说无疑依然是一张陌生的床。硬木床板，硌得骨头生疼；被子厚实却不柔软，沉甸甸地压在胸口，使人透不过气来。从屋前田野、屋后林间传来的夜的寒气越来越浓重、越来越黏稠，渐渐凝固在这间被黑暗统治的房间里。她蜷缩在被窝里，身体微颤，她觉得冷，很冷。

也许，是我错过了什么，女儿都不和我亲近了……黑暗中，她不无遗憾地想着。以后，还是多来几次吧。她叹着气，翻了个身，一天的疲乏让她的意识渐渐陷入了和空间一样的黑沉。

我从办公室走去教室看早自习纪律时，看到教室外的走廊上站着一个长风衣、细高跟鞋装束的长发女子。淡淡的口红、精心修饰的眉眼，在乡间早晨的清寒里，单薄、消瘦，带着弱柳扶风的柔美。美丽的年轻女子，是不愿意穿得厚实臃肿的——我笑了笑，与她擦肩而过，进了教室。

年轻美丽的女子一直静静地站着，几乎不曾移动脚步，只不时伸头将目光穿过窗户朝教室里看上两眼。如此反复几次后，我心生疑惑，过去询问，才得知她是自己班上学生昀如的妈妈。

我暗暗吃惊，没有料想到在自己这群农村学生里，会有这样打扮精致、气质出尘，显然不是在农村成长或生活的妈妈。但，更让我意外的还在后面。当我叫昀如出来，这才发现，这对母女的关系疏离到让我难受。

昀如朝我和妈妈走过来。她没有欢天喜地地依偎进妈妈的怀里，没有紧紧搂住妈妈的胳臂，甚至她站的位置没有离妈妈近哪怕那么一丁点儿。老师、孩子、妈妈，高低落错的三个人，站在三个点上，形成了一个等边三角形。

没等我开口，昀如率先说话了。只两句。她把认为需要向老师说明的情况都说清楚了：

"妈妈昨天就回来了。今天送我来学校，想看看我上学的地方。"

妈妈昨天就回来了——我们没什么要说的了。

想看看我上学的地方——她只是来看看学校，跟我没什么关系。

接着，昀如向我报告了一声："老师，我进教室读书了。"

她走了，退场的时候和妈妈没有语言或眼神的交流。

走廊上剩下的两个人一起看着身高不及护栏的女孩儿挺直着脊背，走到教室门口，拐个弯，不见了。妈妈呆呆的，怅然若失。半晌，她才收拾心绪，回过头来，对我勉强笑笑，说："女儿和我都不亲了……一眨眼，她就这么大了……我还是应该多回来，多看看她。"

第一次，在提到湘乡——女儿正在读书与成长的地方时，妈妈用了"回"这个字。

下课了，校园又喧闹起来。昀如并没有走到妈妈身边，她甚至连教室也不出。她在离妈妈遥远的地方，隔着墙壁，隔着课桌，隔着人群，和三五个同学凑在一起。我有心让她和妈妈亲近，叫她带妈妈到学校四处看看，她迟疑了一下，又很快答应着，落落大方地走过来。

她在我的注视下领着妈妈往楼梯下走。母女俩一前一后，保持着恰到好处的距离，好像是少先队代表给来学校检查的领导做例行介绍，也像是导游在给游客念讲过无数次的讲解词……

我再一次留意妈妈时，妈妈又变成了形单影只的一个人，在墙角的宣传栏前徘徊着。两节课后，妈妈的身影在学校消失了。

我问昀如："你妈妈回去了吗？"

昀如平静地回答："她走了。她今天就要去武汉。"

女孩儿的神情，没有变化。

妈妈的补偿

雨停了。风冷清清地，吹干地面的水分。

眼前的世界洁净异常，房子、道路、树木、田野都不染一尘，且在阴阴的天气下，呈现出柔和润泽的光度。出了校门，学生们就像湖泊汇集的源水，分成若干细流，沿着数条大路小径四下流淌开去。几个调皮的孩子，懒得绕圈，干脆直接踩着厚软的泥土从稻田中间横穿过去。另外的一群，在小路接连大道的口子站着，在漫无目的的四处张望中等待回家去的班车。

需要搭班车回家的孩子多是仁美、山塘、水口几个村的。这几个地方原来都有本村的小学，也曾繁荣过多年，后来，因为计划生育政策，适龄学生人数减少，也因为不少学生随父母务工在外就读，这些村的小学生人数一年少过一年，乡镇中心校难以提供这么多分散的师资力量，于是陆续将这几个村的小学撤并，学生和老师都划到附近的上山学校和位于镇中心的长仑学校。

上山学校原来算个大校，除了小学，还有初中部。二十世纪八十年代末，初中部被合并到花坪中学；2000年后，随着越来越多的学生选择到城里的中学念初中，为减少乡镇初中生源的流失，六年级也被策略性地放到了花坪中学——

中心校（当时称为学区，统管一个乡镇所有学校）的领导认为，这样有利于六年级毕业生升初中时选择继续留在本校，家长和孩子在考虑转学的时候，多少要顾及任教老师特别是班主任的情分。这一做法保留至今。所以，时至今天，上山学校在不那么漫长的历史中萎缩成了只有1～5年级各一个教学班再加一个学前教育班，200名左右学生规模的不完全小学，接纳来自山塘、水口、仁美、上山、双桥、安冲、石洞七个村的适龄儿童。

仁美、山塘、水口方向的学生，高年级多数在校寄宿，低年级部分有家长接送，剩下的一部分，花上一块钱买学生优惠票乘坐城里往白田、灰汤途经上山学校的中巴车。有时，会碰到车上人多搭乘不下或不明原因导致班车久久未能现身的情况，孩子们便结着伴，迈开腿，走上一个多甚至两小时回家。

此时，需要坐车回家的孩子们正有一搭没一搭地甩着手里毛茸茸的狗尾巴草，一边闲聊一边等待。其中一个男孩忽然扬声叫起来，像发现了什么新鲜事物。

"那边有个假人。"

远处的田野，几根木棒支棱出一个十字形的人形架，主干部位缚着干枯的稻草充当丰盈的肌肉，以使形体更像真人一些。一个红色薄而透的塑料袋，挂在充当手臂的木棍上，迎风展招。

"哈哈，稻草人！赶鸟的。"旁边的孩子随着他指的方向望过去，仔细辨认两眼，哈哈大笑起来。正议论着，又有一个孩子叫起来："快看，好多鸟！那边，电线杆上，好多鸟！"

果然，田野间，高高的电线杆横梁和遥相呼应的两根电线杆之间的"细丝"上，落满了密密麻麻不可计数的小鸟。几个容易激动的孩子拍着手跳起来，口里发出阵阵惊呼。

昀如没能参与这些活快的活动。出了校门后，她将目光投向远处的山坳口——班车沿着公路，穿过两山的坳口进入平原首先出现的地方。车没有来。她与同行的周晶晶打了个招呼，独自走上了与回家方向相反的一条水泥路。

前行数步，经过一栋二层楼房前的宽阔地坪，道路变成了仅容一人穿行的狭窄小径，掩入比女孩儿个头还要高的草丛深处。小径西侧，是一个波光粼粼的池塘，塘坡边生长着茂盛的赫色芦苇、苎麻，同深绿带三角形小尖刺的野生蔷薇藤蔓不分彼此地缠绕在一起，点缀其间的，是夹缝中这边一丛那边一簇的金黄色野雏菊。

野雏菊在阳光下明媚艳丽，那娇嫩的身姿肆意抛洒出令人挪不开视线的美丽光泽，多看几眼，便心也随之轻盈起来。早几天的午间，昀如看到老师走出校门，从这儿采撷了一大把野雏菊带回学校，将焦枯的叶子连同发育得不够饱满的苞蕾——剪去，再一枝枝高低错落地插入一个矮矮胖胖的玻璃瓶里。她在旁边看着，仿佛有一支乐曲无声地指挥，老师灵巧的手指随着节奏舞动，将花左挪挪、右移移，再或远或近端详几眼，拨弄拨弄，神奇的一幕出现了，并不经人们刻意栽培细心呵护的野雏菊，像金色火焰一般燃烧在老师房间和教室的窗台上！

昀如第一次隐隐约约意识到：美，随手可撷。

现在，一场冬雨的凌虐后，菊花姑娘们垂下了朝气蓬勃的头颅，显得有几分颓然。

摘还是不摘呢？她犹豫着。

清脆的铃声从腕间传来。戴在手腕上崭新的电话手表响了，女孩儿雀跃起来！她知道，这是妈妈打来的电话。

几年没来过湘乡的妈妈从武汉过来看过女儿后不久，昀如收到了一个由邻居帮忙从镇上带回来的包裹。拆开精美的包装纸，一块泛着莹润光泽的电话手表躺在盒子里，静静等待着它的主人。电话手表的色彩是温柔得冒泡的粉红。女孩和班上的女同学平日里玩的贴花颜色最多的也是粉红，粉红的房间、粉红的床、粉红的梳妆台……所有这些粉红物件，都是给身着华丽长裙、头戴光鲜王冠的美丽公主使用。每个女孩，或许，都曾有过一个公主梦。

电话手表是妈妈从武汉寄过来的。妈妈说，以后会经常给昀如打电话。

微凉的电话手表落在手心的一瞬，女孩儿不知不觉如堡垒一般坚硬的心裂开了。一缕明亮的光线从缝隙里漏进来，照亮了她长久混沌的心房。

接下来好多天，妈妈每天都给女儿打电话。

妈妈只有上午10点和下午3点左右有空，上午昀如要上课，下午3点正好，读二年级的她刚放学。结束一天的学习，和妈妈说说话，女孩儿把它当作是对自己一整天好好表现的奖励。慢慢地，她从"嗯嗯嗯"的简单回应到开始主动和妈妈说起了心里话。

"妈妈，我们老师把野菊花插在瓶子里，好漂亮。野菊花小小的、黄澄澄的，像长着花瓣的太阳。我也想摘几枝回去，摆在写作业的小桌上，你说好吗？"女孩儿新学了"黄澄澄"这个表示颜色的词语，认为用来形容野雏菊非常合适，她想向妈妈展示自己的学识。

妈妈同意了，叮嘱她摘花的时候小心一点，千万别摔着，也别叫旁边的荆棘刺到手。女孩儿心里乐开了花，她第一次感受到，有妈妈关心是一件多么美妙的事情。如果妈妈一直这样爱着她，她愿意做妈妈的乖乖女儿。

"妈妈，今天下了雨，花瓣蔫了……哦……好吧……好，"她站起身来，放弃了采摘野雏菊带回家的初愿，朝着路口还在等车的小伙伴跑去，"我这就回去，妈妈，你也要注意身体呀。"

我从学校出来，一眼看到了正在欢快奔跑的昀如。

风吹拂着女孩儿齐耳的短发，似乎整个人都要随风飞扬起来。她微笑着，耳朵附在手腕的电话手表上，眼睛明亮皎洁。她神情中的刚硬消失了，由内而外的释放与舒展让她变得柔软。

浸润着母亲关爱的孩子，笑容像睡莲一般苏醒、绽放。

哪怕，这份爱，只是通过电话手表在传递。

我喜欢爸爸多一些

昀如从两列桌椅间的过道径直走向我。

到了跟前，她一脸严肃，说："老师，那天你问我的问题，我现在知道答案了。"

这是周一第一节课下课时间，我整理完讲台上的教具，准备到办公室休息一会，再继续下一节课。我在拍去指间的粉笔灰时，昀如像弹弓射出的子弹，"嗖"地从教室最后排的座位就到了我眼前，拦住了我的去路，并且极其认真地说出这句让我一时半会摸不着头脑的话。

我收回了迈出去的脚步，无须她有更多反应，昀如自顾自地说了下去：

"我喜欢爸爸多一些！"

她的语气里有一种决裂。大人们打趣孩子时，经常会问"喜欢爸爸多些还是妈妈多些啊？"傻乎乎的孩子会直接回答"爸爸"或者"妈妈"，机灵一点的孩子会狡黠地回答"一样喜欢"。回答"一样喜欢"的孩子，不论他内心是不是真这样认为，大人们都会认定这是孩子的"灵泛"——爸爸和妈妈谁也不得罪。

上周五，我和几个学生聊天，也问了昀如这样一个问题："昀如，你是喜欢爸爸多一些还是妈妈多一些？"

我并不是无话找话逗着孩子玩。昀如曾经和妈妈感情冷淡，现在不知关系改善得如何了。

昀如支吾着，没有直接回答。

"爸爸"两个字差点冲口而出，话到嘴边又咽了回去，她想了想，觉得妈妈也正在慢慢变成和爸爸差不多让她喜欢的人。

之前，她对妈妈的感情确实比陌生人强不了多少。不过，这也不能怪她，自有记忆以来，她和妈妈相处的次数用不到一只手的指头就能数过来。"妈妈"这个称呼及妈妈整个人，都让她感觉那不过是天边飘过的一片云，她从来不曾幻想云朵有一天能够从渺远的天际飘落，像软软的棉被覆拥到自己身上。

爸爸妈妈一直在武汉工作，读书前，爷爷也在长沙打工，家里只有奶奶陪伴着她。太阳每天从山头的树梢升起，田里的稻苗青了又黄，她从嗷嗷待哺的婴儿长大成为一个可以撒开腿四处奔跑的丫头片子。爸爸还好，每年总会回来那么两三趟，短则三五几天，长则十天半月。有时，爸爸会骑着摩托车带她出去兜风，青草的气息沁入她的肺腑，她依靠着爸爸的胸膛，张开双臂，像小鸟飞翔一样展开翅膀，也像小鸟飞翔一样快活自在。而妈妈呢，几年也不回来看她一次，还是中间奶奶带她去武汉看过一次妈妈。对她来说，"妈妈"是一个仅仅见过几次还很陌生的人的名字。去年冬天，田野开始在夜里结满霜露时，妈妈意外出现在家里，仿佛从天而降。妈妈只在家里住了一晚，第二天就走了。妈妈的到来，昀如没有惊喜，妈妈的离去，昀如也没有伤心。这次短暂的会面，令她发现妈妈很美，长发飘飘，但同时，妈妈也很冷，冷得像不食人间烟火的仙女。仙女来到人间，肯定是要重返天庭的，所以，妈妈的离开，再理所当然不过了。

再往上追溯,她和妈妈的相处,就到了学前班结束上小学前的那个夏天了。那回,奶奶带着自己到武汉去找爸爸妈妈,在那里住了一个星期。有一天妈妈休息,陪她去了游乐园,她玩得很开心。只可惜,到了最后,妈妈和伯母为了她能不能吃冰激凌起了争执。妈妈很生气,我的女儿,怎么教育,用得着你们管吗?妈妈一把搂起在旁边睁着一双惊惶双目的她,冲到路边拦了辆的士就要离开,把奶奶、伯母、姐姐都晾下不管了。幸亏奶奶赶过来,坐上了那辆的士车,否则,她一定会害怕地大哭。她并不愿意跟妈妈走,她认为,自己和奶奶才是一起的。

不过,自从妈妈去年回来后,她和妈妈的关系就进入了"热恋期"。妈妈买了电话手表给她、妈妈经常打电话给她……就像二月的春风吹暖了大地,她的心也被妈妈焐得暖意融融。毕竟,有一个人可以让自己经常"妈妈、妈妈"地呼唤,是一件很幸福的事情呀!否则,其他同学都有妈妈,而自己没有,不是也太可怜了吗?只是,一旦开始接纳妈妈,一旦"妈妈"不再是一个冷冰冰的词语之后,她开始对妈妈有了更多的奢求,至少,她希望除了可以时常在电话里听到妈妈的声音外,妈妈还能够经常回来看看自己、陪陪自己。

这个春节,爸爸回来了,妈妈没有。妈妈说过了春节工作最繁忙的时候,就会回来看她。昀如在脑海里算了算,离妈妈说的时间只有5天了。5天、4天、3天……想到很快就可以见到妈妈,她的心里仿佛住进了一只小兔子,时不时就要欢快地上蹿下跳一阵。

那天,昀如对着我"嗯……"了半晌,最终也没能给出到底喜欢谁多一点的答案。

一个周末过后,她突然这样郑重其事地跑来告诉我,她想明白了,她喜欢爸爸多些,我很诧异,直觉告诉我一定是发生了什么事,我追问她:"为什么呢"？

我这样一问，昀如的委屈就上来了，不过，她还是竭力保持平静的语气，开始向我讲述她的理由，表明她并不是无理取闹。

"爸爸在家陪我的时间多一些。爸爸在家的时候，会陪我写作业、会带我出去玩。妈妈就没有，她从来没有陪我写过作业，也不带我去玩……"

她越说越激动，语气里不知不觉增添了几分愤恨。

"……她还说话不算数，本来讲好只要3天就可以回家的，现在，又变成了要10天……"

她想着自己得知妈妈快要回家的兴奋，想着自己在日历上一天天数着日子的盼望，又想起听到妈妈说要推迟一个星期才能回来时那种不能承受的失落……泪意氤氲了双眼。

然而，她犟强地把眼睛睁得又大又圆，始终没让眼泪滚落下来。

妈妈打来的电话

"冯老师，昀如最近情绪还好吧！"

昀如妈妈在微信里的留言让我很意外。

我想起这个打扮精致的年轻母亲，在初冬的晨曦中徘徊于教室外的走廊里，不时往里张望几眼；想起她对我幽幽地说：一转眼昀如就长这么大了，都不和我亲了；想起她离开学校时，一个人走在稻田间狭窄漫长的水泥路上，日光投射出她孤单的身影……

这是我见到她的仅有一次。一年多以前了。

以后，她再也没有和我，她女儿的班主任联系过。

"昀如最近情绪怎么样？"一年多后的今天，妈妈突然这么一问，让我一时很摸不着头脑。

昀如在我的视线和观察日记里出现的频率算比较高的。前几天我才发过一条朋友圈，赞许她这一年多来的变化。

昀如的妈妈是湖北人，多年来一直在武汉工作，很少来湘乡。昀如很小便被送回乡下交给爷爷奶奶抚养。对女儿来说，妈妈比天边那抹浅淡的云霞还要遥远，她也从未奢望这云霞有一天会从天而降，温暖地覆盖到自己身上。

自一年多前妈妈来湘乡看望过女儿后，母女间生疏冷淡的状况得到了改善。妈妈给女儿寄来了一个电话手表，时有问询，偶尔也抽空来湘乡农村的婆家，看望女儿。

我亲眼见证了这个过程：昀如内心那层坚硬的外壳在逐渐消融，她的笑容渐渐焕发出被母爱滋养的柔软……这名长期被母亲"放逐"的留守儿童，对妈妈的情感经历了冷淡——尝试——怨恨——接受几个阶段的心理历程。

有一次课间聊天，师生聊"最开心的事"，轮到她发言，她不假思索："我最开心的事就是爸爸妈妈回来看我。"

她还补充，虽然爸爸妈妈来去匆匆，最多也就在家住一个晚上，不过，这是因为他们工作太忙了，她不怪他们。

"挺好，很懂事。"我回复昀如妈妈。

不多久，电话响了，来电显示是"昀如妈妈"。

她语气急促，连珠炮般说了一串话："我和昀如爸爸离婚了，怕她受影响，所以问问她情绪怎么样。"

"之前我打电话给她（电话手表），不知是信号不好还是在上课，她没有接。"

"她回家的时候，家里信号不好，连接不了，所以只能在学校里的时候和她联系。"

……

这是一个乍暖还寒的春日。

我倚在宿舍门口,斜风、细雨,以缓慢固定的节奏无声无息地浸透了平整的操场、稠密的枝叶、脚下的台阶,一阵阵寒冷的风拂过我脸颊、穿过鬓间的头发往房间钻。

手机里的声音清晰而遥远。

我几乎不能言语。

昀如站在我跟前,我对着她,欲言又止。

我开不了口,问,你爸妈离婚了?

我看着她,她也看着我。她的眼睛里,有小小的疑惑,有小小的戒备。她既不显得开心,也不显得难过,只是比往常少了些蓬勃的生气。

我张了张嘴,最后,说:"你奶奶出去了吗?"

我难过得想要流泪。

为了这个好不容易才尝试袒露自己最柔软的心,却马上要承受尖锐刺痛的女孩。

怒火与悲伤

昀如扬起手里的课本,气势凶猛地砸向对面的男生李伟翔。

李伟翔头一偏,书落在他的肩膀上,他还未来得及有别的反应,昀如已经"霍"地站起来,脖子往前一伸,俯身弯腰,朝他怒吼:"叫你吵!叫你吵!"

女孩子怒目圆睁,脸颊像发着高烧一般通红,原本驯服的齐耳黑发因为这迅捷的动作唰地往后刷出一道笔直的线。顽皮的男孩儿李伟翔被吓得目瞪口呆，仿若眼前是头怒气冲冲的狮子，就连其他同学，一个个的也被吓了一大跳，嘈杂的教室瞬间被下了魔咒，立时变得鸦雀无声，所有脑袋都整齐划一地朝向飓风中心的两个孩子。

不用去看，昀如也感到了许多成色不一的目光落在自己身上——有惊诧的，有谴责的，或者，还有幸灾乐祸的。她知道自己小题大做了，李伟翔只是转过头来跟她说了两句话，她也知道肯定会有同学将自习时间她大发脾气这件事情报告给老师……她并不想这样，但体内那股莫名的愤怒一直在心头和肢骸四处流窜，却无法找到突破口。坐在前排的李伟翔因着跟她说了两句话，就撞开了这憋闷许久的洪流的闸门，且首当其冲受了殃及。

她不敢转头去看那么多双眼睛，也不敢去细想事情的后果，只强作镇定愤恨地"哼"了一声，然后，重重地，一屁股坐回椅子。

椅子"咯吱"闷哼了一声：幸好够结实。

果不其然，放学时，她被老师严厉地批评了一顿。可是，更让她惊疑的是，老师的目光长时间锁定在她身上。她能看出那目光十分复杂，有责备、有审视、有怜悯，令她如芒在背：是老师知道了吗？

那天课间操后，老师突然把她叫到办公室，拿出手机让她打个电话给妈妈。立马，不知从哪冒出的无数根小棍，"砰砰砰"地在她心脏上毫无节奏地胡乱敲打起来。她竭力稳定气息，装成若无其事的样子，接过老师已经拨好号码的手机。电话接通后，妈妈说：我打到你电话手表上吧。

妈妈给女儿打过几次电话手表，都没有接。现在，当着老师的面，她不能不接了。当她一个劲"噢噢噢"地应付妈妈"好好学习"之类话语的时候，还像模像样地问了句"妈妈，你在干什么"。妈妈还没来得及回答，上课铃响了，相当及时。她如释重负，马上以一句"我要上课了"中断了和妈妈的通话。她甚至没顾得上跟老师打招呼，就急匆匆逃离办公室，跑到教室里去了。

心底的怨恨和恼怒一旦从土里冒出芽来，便如春天雨露中的竹子迅速生长起来。

寒假不久，奶奶从广州回来。

过年前几天，爸爸从武汉回来。

家里热闹起来。奶奶打扫着房间、在阳光下拍打着棉被，灶膛里燃烧起大块木柴，爸爸往蒸笼里摆上了只有重大节庆才做的特色菜品"蛋糕花""扣肉"……冷清清的家活泼起来，到处都有欢声笑语，到处都有动静，而不再是只有小女孩和爷爷两个人守着的寡言的房子。

但是妈妈没有回来——既没有和爸爸一块儿在节前回来，也没有在节后忙完工作后独自回来。

女孩儿觉得这热闹里少了点儿什么。她很希望妈妈能够回来，她希望家里有个可以让她不时呼唤着"妈妈、妈妈"的人。但妈妈说，酒店的工作，过年的时候特别忙，没办法过来。

一直到爸爸离开，妈妈还是没回来。

有一天，爷爷、奶奶和她围坐在屋子里烤火、看电视。奶奶突然问："昀如，如果爸爸妈妈离婚，你跟谁？"

当时，她正啃着一个香甜的大柠果，奶奶从广州带回来许多好吃的。她一张嘴，一块柠果往气管跑，她被呛得眼泪都咳出来了。她张着泪汪汪的双眼看向爷爷，爷爷的脸色是凝重的，正难过地看着她。

于是，她知道了，这是真的。

这不是大人们在跟她开玩笑。

我是爷爷带大的孙女儿，不是吗？好多时间，家里就只有我和爷爷相依相伴。

她又看向奶奶，奶奶也看着她，慈祥的眉眼里写着无可奈何。

奶奶也很爱我，不是吗？每次从广州回来，都给我带很多吃的、穿的。

她接着想起爸爸。

爸爸虽然在武汉工作，但还是常回来的，不是吗？他答应我什么时候回来就会什么时候回，在家的时候会陪我写作业、带我出去玩。妈妈呢，她回来看过我几次？陪我写作业了吗？带我出去玩了吗？现在，她要和爸爸离婚，她不要我了，我还要她吗？

女孩儿咳嗽得更剧烈了，咳得惊天动地，仿佛心肝肺腑都要咳出来了。奶奶手忙脚乱地站起来，拍着孙女儿的后背；爷爷赶紧去厨房倒了杯白开水，递给孙女儿。

等这一切终于平息，她抱着奶奶，将头躲进奶奶的怀里。闷闷的声音从里头传出来，她说：奶奶，我和您一起。您别出去了。

她将眼泪偷偷地擦在奶奶厚厚的、温热的棉袄上。

妈妈忧心女孩儿受他们夫妻离婚的影响，通过老师打来这通电话。但这隔靴搔痒的通话并没有抚平女孩儿的悲伤，相反，点燃了她的焦躁。这焦躁像火苗一般一点点燃起来，遇着恰到好处的风力，越烧越旺、越烧越劲，最后，形成一股滚烫、奔腾的岩浆从火山口喷薄而出。

老师把昀如叫进自己的寝室，并且顺手把门给关上了。

女孩儿听到自己的心脏在怦怦怦急促地跳着，她有一种不祥的预感。和李伟翔的打架事件过去后，她又状况屡发，已经被老师批评了好几次。可是，老师批评同学的时候，一般是不关门的。

三月的江南，阴晴冷暖变了好几次脸，叫人摸不着它的脾气。这几天，连续下了几天雨，空气里弥漫着一股湿冷，黏糊糊地往人骨髓里钻。有好一会儿，只有师生两人的房间是阒静的。时间像屋檐滴落的水，滴答作响。不知过了多久，老师终于开口了：

"你爸妈离婚了，你知道吗？"

"那天，你妈妈打电话给老师，担心他们离婚的事情对你有影响。"

"大人对他们的生活有他们自己的想法和选择，与爱不爱你没有关系。你妈妈是爱你的。"

……

老师的话，昀如听得似懂非懂。但是，"妈妈是爱你的"这句话，却有着神奇的魔力，仿佛是一支镇静剂，注入了女孩儿狂躁的体内。她突然，就泄气了。

班上37个学生，据我了解，有刘仁睿、杨湘轩、王博、周晶晶、朱宇强、周沐彬、许丽、昀如是父母离异的留守学生；还有一些，是父母感情不和，一方或双方长期在外的。

你爸爸妈妈离婚了吗？

下了一场夜雨，晨间的空气清爽怡人。

教室内墙的窗台上，摆着大大小小几盆植物，在风里微微颤动着叶片和花瓣。长寿花绽开星星般的红色小花，团团簇簇，在一片黛绿浅碧中分外显眼，仿佛旷野上跳跃的火苗；常春藤垂下茂密的枝条，在窗台上晕染出一片浓荫；还有绿萝、仙人球、芦荟、吊兰……

早自习下课铃一响，孩子们便如同觅食的鱼儿，一条条游弋着往走廊、操场的方向去了，也有一些孩子，半路驻足在教室讲台前，探着脑袋看老师批改前一天的课堂抄写，一面低声交谈着，发出玉石碰触般清脆的声响，十分好听。

"这本是许丽的吧。她和儒心、谭美琪几个的字有点像，都是这么写的。""这个应该打95分吧，错了一个。""哈，老师带写的一遍没有写。上次冯根也是这样，他还问我是哪一遍，我告诉他他都不知道，后来我拿我的作业指着给他看他才知道"……

个别心痒难耐又胆大的孩子，伸手去翻那摞已经批改过的作业本，想找到自己的那一本，看看分数。若分数满意，便兴高采烈地走开玩自己的去了，若批改出了意想不到的错误，手便像摸到烫山芋般立马缩回去，吐吐舌头、做个鬼脸，也走开了。

昀如从围成一圈的人群间挤进来，递过一个橘子。

"老师，这个橘子给您吃。"

放在讲台上的这个橘子色泽匀称鲜亮，纹路光滑，一看便知不是本地产，能在村镇集市上买到的价格实惠的品种。我停了手里的笔，问她："这橘子哪里来的？"

"爸爸从街上给我买回来的。"她回答。

开学前，昀如的父母离婚了。

这中间有一段时间，昀如屡次出现异常的表现，不是碰到点小事就火冒三丈，就是跟同学发生冲突干起架来……我疑心她是受父母离异的影响而情绪波动，找她疏导过一次。

我问她想不想妈妈，她回复我：

"妈妈硬要和爸爸离婚，不要我了。"

"她不要我了,我还想她干吗。"

她竭力装出一副无所谓的样子,语气中却有一种掩饰不住的被遗弃的自暴自弃。

我跟她说,爸爸妈妈离婚是两个大人的事,因为他们生活在一起不幸福了,但他们的离婚不会改变你是爸爸妈妈女儿的事实,妈妈还是爱你的,她很挂念你,也跟老师打听过你的状况。

听到这里,她微微抬眉,凝重的脸色有所舒缓,但随即她耸着肩膀,反驳了一句:"后来她也没再打电话给我了。"

想到这里,我问她:"妈妈打电话给你了吗?"

"打了,不过我没接到。我忘带电话手表了。"她好像很开心。

"你回过去了吗?"

"回了。回家后爸爸告诉我,我就回过去了。妈妈还以为是爸爸叫我不要接她的电话,其实是我自己忘记带电话手表了。"昀如脸上的笑容更明亮了。离婚后,爸爸从武汉回到湘乡,正紧锣密鼓地筹备在城里开店做生意。虽然在街上忙店子装修的事,但也常抽空回来看看女儿,周末的时候还带她到尚未完工的店子里去过一次,比起之前在武汉工作,陪她的次数反倒多了。

"为什么你妈妈会以为是你爸爸不让你接她的电话?"旁边冷不丁冒出一个声音,是许丽。

讲台前瞬间陷入沉默,一时间,连我也不知如何处理这尴尬的场面。我一面担心,一面又暗暗好奇昀如会有何反应。

停顿了半晌,昀如才回复:

"这你就不用管了。"

不知为什么，许丽在这事情上犯了倔劲，她执拗地追问："为什么呀？""因为这是我家的事，与你无关。"昀如恢复了平时的敏捷，神态里摆出外交官的义正词严。

"是你爸爸妈妈离婚了吗？"

仿佛一声惊雷，把在场的人都给炸蒙了。谁也没想到许丽竟会一语中的、直击要害，我的心紧缩了一下，竟不敢去看昀如脸上的表情。

"你也不用说得这么……悲惨吧。"

昀如勉强回应了一句，在"这么"的后面迟疑了一下，才低沉而含糊地吐出"悲惨"两个字音。她竭力维持着脸上的明媚，并没有流露出明显的难过的神色来。

幸好，上课铃及时响了。

放学后

散落大山盆地的人家

我让父母双方长期都不在家的孩子举手。

白的、黑的、花的小手，齐刷刷地举了一大片，大大超出了我的预测。放学后，还有几个未举手的学生特地走到我跟前解释：

"老师，我爸爸出去打工了，妈妈在家。"

"老师，我妈妈出去打工了，爸爸在家。"

二年级37名学生，父母双方都在家的，只有5名。

我要去走访留守学生的家庭。

天空突然暗了暗。

空气黏稠着，不再流动；草木也停了低低的吟唱。

我望了望外面，未有雨意，只是沉闷。

开车载着周晶晶和李谨顺，一路往山塘村去。

出学校走县道043，往白田方向约5千米，到一处房屋密集处。路边电线杆上挂有一块招牌，标示着"山塘"二字。大红的"山塘"，在阴着脸的天色里，活泼地吸引着过路人的目光——当地村民，天天往来于此，如果不是为了说明或指路，是不会把关注的目光投向它的。

标牌处右拐，进了村路。路口左右有几家供销社、小超市，还有一个空着案板的肉摊。供销社内里柜台前的空处，黑压压围坐着好些人。周晶晶说，她搭车回家，就在这里下车，先去店里找外婆，看外婆有没有在这儿打牌，如果这家没有，再往旁边几家去找找——附近大大小小有三四家牌馆。

几双眼睛张望过来，习惯性地打量两眼，又收回了目光。

我们没有停留，去寻找周晶晶的外婆藏身在哪一簇人群中。车缓缓通过路口，往村子里面去。

一过路口，便是一座石拱小桥。过了桥，路分出三条支叉，往三个方向弯弯曲曲延伸而去。我们走的是最右边的路——穿过不宽的田地，到一处低矮的山脚下。再往前，是进山。一路都在绕着弯爬坡，路旁的植物也越发枝叶繁茂，亲亲热热地向着对面的伙伴们伸出臂膀，缠绕在道路的上空。

不知走了多远，终于出了山间的夹道，眼前豁然开朗。

这是一个群山环绕的盆地。火柴盒般的房屋沿山脚零星散布一圈。屋子后，是高山，屋子前，是在盆地底部开辟出来的稻田。

李谨顺

李谨顺的家立在盆地入口左边不远处的山坡上。

路的右侧，是往下的陡坡。坡下隐约有飘忽的人语，从半人高的灌木梢顶上晃荡过来，传至耳畔。探头一瞧，两个瘦小的老妇模样的人挎着竹篮，一面俯身在沿坡种植的茶树丛里掐那鲜嫩的芽尖，一面又并不抬头，自顾自地说上句什么。这交谈并不为传递要紧的信息，不过是使单调的劳动不那么沉闷乏味罢了。

　　路上的声响惊动了摘茶的两人。她们停了手里的动作，伸直佝了半日的腰身，抬眼朝这边瞅过来。李谨顺溜着那目光，远远地唤了一声："奶奶"。

　　路左侧，又连着一条笔陡的通向高处的斜路，路的尽头，是李谨顺家的地坪。爷爷坐在地坪中，身下的轮椅靠近悬崖一般的高墈，墈边沿修建了一排不锈钢栏杆。他居高临下，正对着盆地层层稻田，如果稍抬头高望，视力所及，便是盆地对面那座大山苍茂的肌体。

　　爷爷中了风，失去了自由行动的能力，被禁锢于不足0.5米见方的一个轮椅上。眼前这块劳作了一辈子的土地，已遥不可及。

　　来人不能和他谈及他的身体状况和病情。一谈，他便悲从中来。一个六十多岁的老人因为屈服命运而掩面泣泪，总归让人有些无所适从——任何安慰的语言都是空洞乏力的，甚至比不上一阵风带来的草木气息给人以爽快的慰藉。

　　李谨顺的奶奶顺着陡坡上来了。

　　她走得缓慢，仿佛快一丁点也不行。她的面容包括整个身体都透着勉强支撑的疲累——这是没法的，孙子需要她管教，老伴依赖她照料，家里家外倚仗她一人张罗。她不能不感到疲乏，但她却实在也不敢疲乏。

　　奶奶还是迈着不着急的步子，进了堂屋。那洞开的大门，像兽的嘴吞噬了她的身影。不一会儿，她又从那黑暗的洞里出来，走到光线明亮的地坪，端着一杯茶递给我。泡茶的水，温度不够，茶叶还是团得紧紧的，没有舒展开，早上烧的水，暖水瓶保温性能不好了。茶叶色黑质粗，是乡下人家自摘自制的绿茶，看得出并不是今年的新茶，也不是嫩茶。清香怡人、回味甘甜的头茶、新茶、嫩茶，在春天里寻得买主是可以卖不错价钱的，或者至少会作为土特产礼品送给家中重要的客人。

爷爷奶奶都是形体瘦弱的人，连带孙子李谨顺也是伶仃的脖颈、硕大的脑袋，像胡椒碾子一样摇晃个不停。和人相比，两层的楼房就显得宽敞亮堂了，四方四正，门、窗、外墙的瓷砖等物件都完好无缺，尚处壮年之际。屋檐下的台阶上不大整齐地堆满了柴火，都是奶奶趁天干物燥的时节在后山扒拾的。

儿子、媳妇是过了春节出去的，带着两岁的孙女儿。奶奶只知道是在湖北，卖甜酒、汤圆。

家里剩祖孙仨，守着光阴在稻谷青黄间一日一日流逝。

周晶晶

周晶晶住在外公外婆家。

外公外婆的家，在盆地的尽头，与李谨顺家仿佛是一口巨锅的两端，凌空拉一条直线，便可遥相呼应。

车在半山腰绕盆谷转了半个圈，才绕到外公外婆家房子的跟前。两只个头庞大、气势威武的白鹅占据了屋侧的路面，它们踏着正步，摇摆着肥硕的躯体，扯长脖子，朝坡下在水洼里觅食的另两只同类"嘎嘎嘎"地叫得嚣张，根本不理会有辆车正一点点朝它们逼近。

周晶晶的外公双手兜抱着一个鼓鼓囊囊的蛇皮袋子往摩托车后架上搬。袋子沉，光是两臂的力气还不能够，他又抬起一条腿来些力。蛇皮袋里装的是稻谷，他准备去打米。农民收了稻谷，大太阳天气铺在地坪里晒干了水分，打包装进粮仓，等米缸快见底的时候，一次搬出一袋，运到打米坊，有专门的机器将稻谷去壳成米。一般来说，一百斤晒得脆脆的稻谷可以碾八十斤左右白花花的大米。

看见老师来了,外公扶正摩托车架子上沉甸甸的米袋,又拿了条极有韧性的绑带捆牢了,然后,拍拍手上的灰尘,到灶屋里去泡茶。

外公外婆家也是一幢两层楼,收拾得洁净、亮堂。周晶晶有一间属于自己的房间,挨墙角摆放的小床铺着粉红色的床单、被套,床头倚靠了个长睫毛大眼睛的布娃娃,窗下一张四方小桌,是周晶晶学习的地方。

外公说话爽朗,显出精力旺盛的能干模样。他一共有两个女儿一个儿子,晶晶妈妈是老大,离了婚。

"唉,两人之前就离过一次。都有一儿一女了,两家大人又把他们搅和到一起,还是搞不成器。现在是离第二次了。"

"她爸爸是湘潭的。也过来看晶晶,给她买了个手机,经常通电话,手机后来被她妈妈收了。晶晶外婆和妈妈都不让她爸爸来。我说,不行,爸爸总归是爸爸,血缘是断不了的,不能因为你们大人离了婚,就看都不让他来看了。"

"晶晶妈妈原来在长沙,今年到深圳去了,在厂里做事。她找了个男朋友,在深圳,她是跟过去的。"

……

晶晶是全班第一个拥有电话手表的学生。

电话手表可以和哪些号码通话,由妈妈设置,爸爸的手机号码不在此列。

放学后 春天，走在迷宫一样的山道上

如雾如丝的蒙蒙细雨漫天飞舞，笼罩着新绿、浸润了桃红。

四月的春寒，令人瑟缩着，也令人振奋着。那清清冷冷的晶莹色泽，汇聚于草叶间滚动的水珠上，流淌在湿漉漉泛着银光的地面上。

车，已到辽阔田野的深处。

乡间的路，纵横交错。

从长仑卫生院左拐，傍山前行。某个岔路口继续左拐，狭长的路缓慢而优雅地伸入朦朦胧胧的田野。前端，一口大池塘躺卧在数亩结了籽的油菜地中间，她静静地微笑着，粼粼细纹在雨帘中如同出鞘宝剑一般发出冷峻的光芒。

慢慢地，忘记了来路。

脚下的路，既窄又弯，须得像驾考中过"S"形路段，以加倍的小心才能有惊无险地通过。两个孩子，儒心和冯俊辉，坐在后座，一时"左"，一时"右"，指引着前行的方向。车终于从田野的一角切过，到达对面山脚。

儒心

一个陡坡上，路的两边，坐落着两幢风貌迥异的房子。

左边一幢，巨石砌成的墙基，修筑的高大的院墙。透过院墙的栅栏和大铁门的空隙，可以看到院内景致错落。坪院宽阔，近围墙处种植了茶花树、桂花树等木本开花植物。苗木种下去的时间不长，稀疏着枝叶，还没蓊郁成林，但品种不一，高低搭配，显然是经过主人精心布局的。两层的楼房，在林木掩映中，露出一角屋檐飞梁，阔气讲究。

右边的一幢，也是两层楼房，也有不锈钢大门、铝合金窗框——这也是整栋房子唯一跟得上时代脚步的设施。其余，均显示出落后当地经济至少十多年的破旧——外墙，红砖裸露在外，在年复一年的风吹雨打中，没有得到一点庇护，已蚀了曾经光鲜的本色，唯剩世道艰难的斑驳。房子前面是日久年深踩实了的土坪，窄而滑，人走上去，心底油然生出加倍的谨慎，脚要踏稳、踏实了，才敢将重心移过去。

右边的，是儒心的家。

坡陡弯急，我颇费了些周折才停好车。停车的空当里，儒心的奶奶从挨家挨户的某个夹道里闪出身影，到了地坪的坡下。奶奶步伐矫健，也不走正儿八经的路，迈开腿，直接从坡底攀爬而上。她一面呵呵笑着和我打了声招呼，一面拿出钥匙开了堂屋的大门。

家里很安静，不像有其他人的样子，何况门还是从外锁着的。

据我之前了解，儒心有个患小儿麻痹症的姑妈长期住在娘家；儒心的爸爸这段时间从外面回来，在家看病、吃药。

看出我的疑惑，奶奶告诉我，姑妈在洗澡。姑妈每天就靠看电视、洗澡、

189

洗衣服来打发时间。别的，她也干不了。

爸爸有事出去了。

妈妈呢，在广州打工，娘家也在广东，她回来得少。

奶奶不时发出一阵爽朗的笑声，一口整齐的牙齿白净耀眼。奶奶曾在外面打了很多年的工，回家前的最后一份工作是在一家按摩店负责做饭。碰上店里生意好、技师们忙不过来的时候，她的按摩手法也足以凑个数应急。

奶奶就靠这份豁达养大了三个孩子——丈夫去世那年，奶奶只有三十多岁，膝下三个孩子，大女儿16岁，患小儿麻痹症，儿子14岁，正在读书，小女儿，6岁。

挣扎着求生存的日子已成过往，但生活并未从此走上康庄大道。

坐轮椅的大女儿嫁了人，又死了丈夫，如今只能回娘家来住着。好在有个健健康康的女儿，如今快18岁了。

儿子娶了媳妇，生了一儿一女。但他身体不好，这几年，为治病陆陆续续花了七八万块钱。因为是慢性病，并不住院，没有医保报销。媳妇嫌日子艰难，要离婚。邻居们劝她：婆婆、丈夫对你都不错，还有两个孩子，不是过不得日子，还是不要离的好。

小女儿结婚不久，嫁得不远，就在附近。

奶奶在外面待的时间长，已不习惯且也不愿意再回到繁重的农活中去——十多年前，孩子小，她不能出去打工，生活的重担迫使她一个女人独自在泥里、土里摸爬滚打，流过太多艰辛的汗珠和泪水，才含辛茹苦将几个孩子拉扯成人。

孩子们大了后，她在外面谋得了生存的一席之地。往年吃过的苦受过的累，让她做任何一项被城市人瞧不上的工作都不觉得辛劳。在外打工的生活是她所喜爱的。与人说笑间，家里的烦心事、忧心事都可以抛开，活不重，收入也不错。

世事兜兜转转。

她但愿可以长长久久地在外面做事，但她不得不又回来了。

死了老公回到娘家的大女儿需要人照顾；儿子、媳妇出去打工，孙子、孙女交给了她——大家都认为，奶奶照看孙辈是天经地义的。

离开的时候，看到坐在楼梯下厕所间洗衣服的大姑妈。狭小幽暗的空间里，一辆轮椅庞然大物般横亘在门口，挡住了她的身影。

儒心是寄宿生，她想在家里睡一晚。奶奶用虽然和气但也不容置疑的口吻说："你跟老师回学校去。"

我问儒心是在家里等我，还是同我一起去冯俊辉家。儒心抬头望着奶奶。奶奶推推她，你和老师一块去吧。

奶奶利落地将门锁了，带着赧然的笑，说去隔壁家看牌去。

她匆匆地离开了。转过一个屋角，不见了踪影。

师生三个，撑着伞，继续往前。

路边，雨水浸润的树叶、竹丛，青翠欲滴。

冯柱

往前，一条深长的窄巷。

形成巷子的，一侧是高大的院墙，另一侧似乎是个斜坡。斜坡的地面被各类植物——高大的乔木、低矮的灌木、蔓延缠绕的爬藤，遮盖得严严实实，看不清究竟。

　　穿过巷子，路，又分出数条，向着不同方向蜿蜒而去。有悄悄地从山的背后爬上顶去的；也有如河流一般，顺着地势往低处几块菜地里奔下去的；还有调皮着，绕到一个土坡后跟你躲迷藏隐匿了踪影的……

　　城里的路，固然复杂，总还可以借助手机上的电子地图导航。山里的路，若不谙熟，想要陷入这迷宫可是件非常容易的事。

　　冯柱家在儒心和冯俊辉家的中间。

　　我们到时，他正在房内窗下油漆剥落的四方桌子上写作业。

　　妈妈每天骑摩托车接送儿子上下学，风雨无阻。

　　同一间屋内，冯柱半岁的小妹妹躺在一张大床里侧。

　　她正歪着脑袋，小拳头使劲往嘴里塞。一双黑白分明的眼睛睁得大大的，好奇地张望着门口，也不知道被什么好玩的东西吸引了。

　　我想给妹妹拍张照片，镜头才对着她，她便"哇"的一声哭了起来，以表达我对她干扰的强烈不满。

　　妈妈疾步从旁边的灶屋过来，一面在衣摆上擦拭着手上的水渍，到得床前，她挪开拦在床外侧的被子，一手插到妹妹颈下，另一只手环到妹妹腿部，一把就将妹妹抄到了怀里，动作迅疾利落。

　　妈妈摇晃着身子，嘴里"哦……哦……"地哄着妹妹，又笑着跟我解释，每次去接送儿子，都是这样把妹妹放在床上。因为怕她滚落，就拿大被子放在外侧拦挡着。

　　妈妈一个人在家，带着两个孩子。

爸爸是能干的人，在外面工地上承包高速铁路上的模具工程。虽然工作地点不固定，回来的时间少，但好在可以支撑起一家几口的生活负担。

妈妈把妹妹放进一个四方四正的背篓里，背在背上，一面手脚不停地做家务活。用背篓装孩子，是妈妈娘家那边的习俗，她是怀化溆浦人。

谈话中，妈妈不时问：老师，冯柱是不是很皮？

她又说：您严格点，不听话，该打就打。我天天在家盯着，他都这么顽皮，要是没个人管着他，还不知道什么样了。他爸爸说男孩子顽皮点没关系，一回来就纵得他要上天了。他爸爸是不晓得我管这捣蛋鬼要费多大劲……

同冯柱妈妈告辞出来，走过屋门口的塘基，我回望了一眼。

冯柱的家，是一幢农村最常见的两层楼房。白色的长方形瓷片贴墙；正门两边，粘贴红底烫金的对联；屋檐下，不锈钢可移动晾衣架上挂满了衣服，角落里堆着木柴；屋内陈设简朴；房屋主体一侧是一间灰瓦斜顶的灶屋……

这一方小小的天地，充满了生气——妈妈的嗔怪、儿子躲在背后的鬼脸、婴孩好奇打量的眼眸……

还有，爸爸归来时全家的欢腾。

那池塘后面被绿树竹丛掩映的农家小楼离我们渐渐远了，我们重新走进了空寂的山坳里。

风声、雨声、草木簌簌声，是我此时能捕捉到的全部声响；充斥视野的，是深深浅浅、形态各异的绿。自然界的生命，在这春末蓬勃滋长。

放学后

放心吃，放心吃

春天里的热，是蒸腾着的湿热。

整个天地仿佛文火上一口有水而覆了盖的大锅，闷得叫人喘不过气来。活泼的孩子们，只略动一动，便个个满头大汗起来。我站在讲台前环视了一眼，说，明天气温会有所下降。

大家便重重出了一口气，舒展开眉头。

此时，是下午两点多。第一批放学的学生，三三两两结着伴走出校门，在一个个岔路口朝着不同方向，分流开去。

校门口的小路上，一个矮小枯瘦的老婆婆，拽着一根长而粗的水管，往路边的稻田里扯。她要放水到田里去。老婆婆儿女条件都不错，劝过老母亲多少回，叫不要种田了，吃的米，到别人家买就好。老人劳作了一辈子，闲不住，一丘田，种了油菜种水稻。

翻了地、露出水面镜光的稻田，极少；更多的，在本是农忙的春末夏初，长出了秋季的褐黄——草籽抽出的穗黄了、油菜结出的籽黄了……很多人说，现在只种一季稻；现在不种田了。

为了不叫稻田荒废，政府对耕种了稻田的农户按亩补贴钱款。

葛心家离学校很近。

还是一幢两层楼，很宽。房子离马路不过百十米，一条斜斜的沙石路隔在几垄菜地和一口大池塘中间，连接着房子和马路。

近看，门廊下有两根立柱。楼下两扇正门，中间共一个楼梯往二楼上去。房子是葛心家与伯伯家共有的。

我正在葛心的带领下四下参观，房子外面传来一个疑惑的声音："老娘（对上了年纪的妻子或女性的称呼），家里好像来了客。"

六十来岁的老汉，扎着裤腿，穿一双塑料拖鞋，背着喷洒农药的桶壶站在地坪里说话。等看见我，连连道："是冯老师，是冯老师来啦！老娘，是冯老师来了！"

他慌忙地把农药壶从肩膀上卸下，顺手搁在地坪边的墙墩上。

墙墩的另一侧，是环绕着大池塘的沙石路。

奶奶不知是从哪出来的。农村的房子，前坪后院、正门侧门，四通八达。她搂着一大把干爽而新鲜的苋菜，苋菜的根须上还沾着没有抖落尽的细碎泥土，看这情形，刚才是在屋子后面的菜地里忙活。

爷爷奶奶热情健谈，除了家家都有的茶水，还拿出了许多分小袋包装的某知名品牌的零食。村里甚至镇上的小商店，卖的多半是无名小厂生产或名字差着一字的低劣仿冒产品。奶奶不时往我手里塞上一包，殷勤劝说："放心吃！放心吃！这是葛心的爸爸在外面的大超市买回来的。"

爸爸在深圳一家科技公司做销售员，经常出差，方便时，他就趁出差的空隙回一趟家。每回也少不了或吃的，或穿的，或用的，他认为，孩子要吃零食，就该给吃好的。

虽是农村家庭，家里的小孩倒没缺衣少吃过。

爷爷原在供销社上班。物资贫乏的年代，供销社糖盐油米样样不缺，是人人艳羡的好单位。市场经济后，供销社失去了垄断的优势，慢慢走起下坡路来。正值壮年的爷爷头脑活、胆子大，又有经商的资源，干脆自己开店做起生意来。

靠着夫妻俩勤劳肯干，生意从育塅乡起步，做到湘乡城里，再后来出了省，做到了广州。广州经济发达，钱好挣。那些年，他们家是村里数得上的红火人家。全家人都在外头，但过年是必定要回的，杀猪宰羊，鸣炮祭祖——爷爷是上了年岁的人，在外面赚钱，为的是衣锦还乡。根在湘乡，祖业不能丢。

一家人在欢快奔向小康生活的道路上，却猝不及防被一块大石头狠狠绊了一跤——老人的大儿子，被查出得了癌症。那时候，大儿子才二十出头，结婚不久。

治疗了三年，多年的积蓄像开闸的坝水，哗哗地泄流了出去。谁也没去想，钱花了，人留不留得住的问题。只是尽力，只是不想在以后的日子里遗憾和悔恨。

光阴荏苒。

时间冲淡了曾经痛彻心扉的悲伤与绝望中的挣扎。数年后，一切尘埃落定。

散尽钱财的爷爷奶奶回了湘乡，从此耕田种地、照顾三个孙子孙女。除了葛心姐弟俩，还有已故大儿子病中留下的血脉。

那男孩儿如今已经十二岁了，在花坪中学读六年级。孩子的母亲并不要公公婆婆经济上的援助，只请他们帮忙照顾孩子，自己好安心在外打工赚钱——

为着这柔弱女子对儿子的恩情,为她十余年间默默无语中的坚强,两位老人很是感慨唏嘘了一番。

葛心的爸爸是小儿子,工作于深圳;妈妈在广州工作。此外,老人还有一个小女儿,也在广州工作,并嫁给了广州本地人。

放学后
阳光洒进了黑洞洞的房间

我和几个孩子一起走出了校门。

迎面扑来的是田野里蒸腾着的暖洋洋的青草气息。抬头远眺，一片广袤的原野上空，湛蓝的天幕上几缕白云，淡到只如一支巨大的毛笔沾了水涂抹后留下的浅痕。

等车的学生们背对着阳光站在路口，通红的脸蛋上已沁出一层薄薄的汗珠。两群人一照面，用不着别的什么缘故，便都灿烂地笑了。

但郭志鹏例外，同学们的欢声笑语没能感染他，阳光的热情也没能让他兴奋起来。他一直锁着眉头，闷闷不乐着。如果不是知道原委，我会以为他是在抗拒我将要去他家走访这事儿。

郭志鹏

郭志鹏的不开心，任谁都能看出来。

一整天时间，他都沉着脸，长一声短一声地叹气。我问他，他只将嘴巴噘得更高，抬着头无限苦恼地望向某处虚无缥缈的地方。

但他什么也不说。

放学时，周沐彬向我报告他的发现。他们俩的座位挨一块。他一边说，一边带着无限同情的神色瞅了郭志鹏一眼。

"老师，郭志鹏的爸爸妈妈明天就要出去了。"

"早上他还哭了。"

其实，早些年，郭志鹏的爸爸妈妈也在外面打工。不过，那时郭志鹏还太小，不懂离别之苦。他被放在外婆家，老人的慈爱照样呵护着他从蹒跚学步到挥着小手追着小猫小狗折腾得欢。

后来，爷爷去世。爸爸妈妈担心奶奶不能适应猝然间孤单一人的日子，辞了外面的工作，回来陪伴老母亲。

郭志鹏也被接回了家，由爸爸妈妈自己带。一晃，好几年过去了。

耀眼的阳光下，一辆崭新发亮的酱色面包车，横过田野，从花坪方向驶向学校。那车一出现，郭志鹏便松快起来，不再失神落魄地四处张望。他盯着那车，车在他跟前停下了。

是郭志鹏的父母。

一上车，郭志鹏便融入了一个无形的神奇磁场，这个磁场，是爸爸妈妈和他，三个人形成的。他彻底放松了，身上所有的细胞都恢复了一个八岁孩子的正常运行。

一把威风凛凛的玩具机关枪吸引了他的目光，他雀跃着拿起来，完全忘记了之前的烦恼。

因为明天就要出去，爸爸妈妈提前把生日礼物送给他。

郭志鹏在爸爸妈妈羽翼的呵护下过了好几年，从上幼儿园到小学二年级，近五年时间里，他无忧无虑地长大了。爸爸妈妈就在长仑卫生院往石洞村去的转角处开米粉店，离家不过二千米，骑摩托车十分钟便可到。有爸爸妈妈管束着，郭志鹏比班上一般的男孩子性格温驯、沉静，衣着也干净合体。

现在，奶奶已适应了丧偶的生活，加上郭志鹏一天大似一天，祖孙俩能相互做个伴，夫妻俩的心思又活络了。他们都还很年轻，也就三十来岁，想着这么窝在家靠泡米粉过日子终不是长久之计。恰好亲戚有门路，叫他们到重庆去，承包些新开楼盘的水电工程做。两人下定了决心，将米粉店转让，再加些钱，购置了辆面包车方便交通和运送材料……

一切准备妥当，明天，他们就要开赴那座遥远的城市，重新开始他们的创业生涯。

郭志鹏呢？

他长大了，他懂得了"舍不得"，懂得了"难过"。

爸爸说：这是他必须承受的。

爸爸妈妈答应郭志鹏，如果期末考得好，会接他到重庆去过暑假。

郭志鹏坐了车，同父母先回家去。开车，须走同我们方向相反的水泥路，可以直接开到家门口。

曹欣悦

我同许丽、曹欣悦一起步行，她们两家都在学校后面的小山上。

杨紫婷也跟着我们，选择这条路，她可以与老师、同学热热闹闹地同走一段。

乡间的水泥路上，三个女孩儿走前面，不知谁说了句取笑的话，杨紫婷嗔怪着，推了曹欣悦一把，自己却脚一软，歪倒在地。另两个大笑着回头望她一眼，并不停留,杨紫婷便很快爬起来,重新追了上去。三个女孩子挤到一处,嘻嘻哈哈闹成一团。

上了山坡不多远,杨紫婷要分路了。望着她独自走上土岗间被草丛淹没的幽静小路,许丽好奇而担忧地问了一句:"你不怕蛇吗?"

曹欣悦也耸耸肩,做了个畏惧的神态,自言自语念道:我可不敢走。

平时,杨紫婷多半还是走大路的。

杨紫婷的身影消失在杂乱的树枝竹条里,我们继续往前走。

不过百十米,路的左边依旧是山坡,右边却开阔了。一片凹地里,几幢房子像随手一扔的火柴棒,横七竖八地立着,中间或隔着菜地,或隔着小土包,一两处几分大的田地局促于内,艰难地呼吸。

许丽跑了几步,赶到前面,伸长脖子往下一瞧,回转身说:"老师,曹欣悦的爷爷奶奶没在家。"

地坪上一地阳光。门静静地关闭着。

奶奶去双板桥了,种葱。

一个外乡人承包了双板桥周围上百亩田地,大规模地栽种香葱,出120元一天的工资请人做事。双板桥位于双桥村和上山村交界处,附近几个生产队的老太太们吃过早饭,就提着小板凳、戴着草帽,不紧不慢前去挣这并不天天有的工钱。

爷爷可能出去做事了,也可能去打牌了。

有事的时候做事,没事做的时候打牌,爷爷奶奶都是这样。曹欣悦天真地笑了笑,不带观点。

曹欣悦蹲下身来,花裙子拖到了地面。她拉着卷闸门上的把手,用力往上一抬，一尺余宽的黑洞露了出来。她从那黑洞里钻进去，再钻出来时，手里多了一根木棍或晾衣竿。她用这杆状物将门顶开、撑住，白花花的阳光霎时驱走了屋里的黑暗。

这是一间作为车库设计的屋子。不过，它现在的功能是堆放杂物、连接正房与灶屋。

曹欣悦在所有可能的地方——麻将桌的抽屉里、高高摞起的塑料方凳上，还有一些别的角落——都摸了摸，最后两手一摊，表示没找到钥匙。没找到钥匙，她就只能在这间零乱的屋子里活动。

她并不沮丧。其实她是不愿意关到那寂静的房子里去写作业、看书的；甚至，她也从不问父母上哪赚钱了、为什么不打电话给她。放了学，扔下书包，她便同许丽姐弟屋前屋后、菜地里山坡上四处跑，疯得头发散乱、汗水淋漓。

奶奶回家后，自会来寻她。

很多问题，都是许丽代替她回答的。曹欣悦还什么也不懂。

她一直在笑，露出两个深深的酒窝，很甜。

曹欣悦的妈妈，也曾是我的学生，她幼年丧母，读到初二便辍了学，十七岁生下女儿。

许丽

农村的房子，从外观看上去，大部分还是不错的。

许丽家的房子也是这样：两层，砖瓦结构，外墙贴白色的瓷砖。

光看房子，要以为这是一户条件过得去的家庭。不过，细看许丽姐弟每日的穿着，多半是没有洗出颜色的破旧，且又不甚合体，便可知，实质上这个家庭的经济状况还是窘迫的。

爷爷站在与楼房紧密相连的土砖老房子里，倚着门框，一只脚踩在门槛内，一只脚踏在门槛上。木板做的门槛很高，早已被无数双脚磨得溜光锃亮，显出岩石一般坚硬的质地。

爷爷神情迟疑地站着，看着我和孩子们沿着水泥路，走到屋子前池塘边一棵高大的樟树下。樟树伸着无数条浓密的枝叶，像一把硕大的绿伞，遮挡着阳光，洒下一片幽静。

正要沿坡爬到地坪上去，一个小小的身影大叫着，欢快地从水泥路另一侧的菜地朝我们飞奔过来，是许丽还在上学前班的弟弟许聪慧。弟弟虎头虎脑，长得结实，光脚穿着一双厚实的"波鞋"，身上的短袖T恤灰、黑、白混合在一块儿，早已看不出本来的颜色。

由农村"老倌子"照顾的孩子，很难做到衣着洁净。

爷爷事务琐屑繁杂，除了所有的农活，做饭、洗衣、扫地这些家事也归他。家里就他一个大人，带着三个孩子。

除了种田，爷爷还做豆腐。

老房子保留了两间没拆，都派上了正经用场，并没有荒废。一间是爷爷的豆腐磨坊，一间是过身屋，也兼放做农活的物件。

磨坊内，一个黑色的橡胶桶盛满了浸泡着的黄豆，装豆腐的木框架一个一个叠着放在一处，另外，还有电磨盘、水管、筛子……整个操作间说不上整洁明亮，但也不像那些被曝光的黑作坊那样脏乱。

爷爷瘦高个子，微微佝偻了背，不太有精神的样子。我问爷爷家里的情况，他含糊着，问两句也答不上一句。站在一旁的弟弟许聪慧急了，不等谁授权，便迫不及待地抢过爷爷的话头，倒豆子般把自己知道的全都说出来了。

许聪慧说到妈妈要跟爸爸离婚、奶奶在街上给人当保姆平时并不回家时，爷爷什么也不说，他看看叽叽喳喳的孙子，勉强地笑了笑。

孩子小，没有"家丑不可外扬"的想法，或者他觉得对老师是可无话不说的。他也并不忧伤，反而流露出对掌握真实情况的自豪："奶奶告诉我的。"

姐弟带我上二楼去参观，那是独属于妈妈和几个孩子的天地。非但爷爷奶奶不上去，爸爸也是不被允许进入的。

和黑暗、拥挤的一楼相比，二楼干净、敞亮。

一张鲜红的人造革沙发醒目地摆放在一尘不染的瓷砖地面上，肆意地张扬着它艳丽的色泽，根本不去听闻周围光秃秃的墙壁、其他一两件寒酸家具发出的不协调的声音。

客厅两面各一间卧房。其中一间卧室——一起过来的曹欣悦与有荣焉地向我介绍——装了空调。此外，房间里还有床、简易帆布衣柜、一张复合板的学生电脑桌。被子揉成一团，堆在床上；角落里，散放着两个鸿运扇、几个塑料袋。

这更像是一间临时租住的房子。

二楼的卫生，读初中的大姐姐周末回家时会做。

妈妈回来时，会带几个孩子在楼上做饭吃。

爷爷单独吃。

只有小狗做伴的女孩

放学后

出了校门口的小路，上县道043，右拐前行不过五十米的第一个路口，站着班上好几个女孩儿。

放了学，她们并不着急回家，随意地站在那儿，你一言我一语地说笑着，偶尔又往远处张望几眼。

高个子的杨紫婷和脸上有块胎记的许丽是上山村的，离学校最近；其次是斯文秀气的刘清，她家位于上山村与仁美村的交界处；接下来是身材瘦小的贺斯佳和颇大方从容的周莹熙，她们俩都是仁美村的；距离最远的是昀如，住水口村。

水口村是育墈乡的"边疆"，和白田镇交界，如今与山塘村合并，有了新的名字，叫山水村，距离学校大约七八千米。

我要去水口，顺路捎上几个路程远的学生。

前行不远，数幢新旧交替的房子和池塘、菜地作为背景的公路上，又有两个男孩闯入视线里。两人背着书包，微向前倾斜着身体，往前迈着坚定而又稍显沉重的步子，都是班上的男生——胖嘟嘟的王博和瘦得跟竹竿似的李谨顺。

看这架势,他们是不打算搭班车了。

两人都住山塘村,离学校有五六千米。我很想搭上他们,但是车内已经挤满了。

我加了油门。他们的身影,在反光镜内很快地缩小、消失了。

过了田野,道路伸进一片山林,两侧的树木在高空搭出好几百米长的"拱桥",构建出一片幽暗的林荫。刘清在山间地势最高的路段下车,一条曲折的小径,穿过郁郁葱葱的树木,通向她的家。

不久,又遇见骑着摩托车去接女儿的贺斯佳妈妈。

贺斯佳妈妈会甩龙灯。哪家操办红白喜事,她所在的舞龙队经常会被请去"热闹热闹"。湘乡农村的风俗是,红白喜事都要办得热闹。特别是丧事,越是热闹,越显出死者的德高望重、后人的兴旺发达。

政府虽然一直提倡移风易俗、丧事从简,但观念根深蒂固,要改变非一朝一夕能做到。

妈妈没去甩龙灯时,多半会来接女儿。

穿过几个起伏的小山包,下一个长坡,便出了山地,眼前视野又开阔起来,到了仁美村。

仁美村有沪昆高铁线经过。修高铁时迁移了数户村民,如今,新建的房屋多集中在公路两侧,繁华着路人的眼睛。一条雄伟的飞龙从头顶凌空而过,无数根粗壮的钢筋水泥筑成的爪子架在相距遥远的两山之间。周莹熙下了车,她将横过马路,在高架桥下方行走一段,再右转翻过一座小山到家。

现在,除了我,车上只剩昀如了。

昀如

水口村。县道右侧一条笔直细长的乡间小路穿过一览无遗的田野，到达对面山脚。村路又一分为二，将山环抱起来。选择左边的分支前行，一面是田野，一面是山坡。

几幢村舍藏匿在树荫后，拐过一个弯，昀如的家到了。

就像大树一层又一层的枝干，路也再次分出一段粗短的枝节。枝节尽头，一高一低并立着两户人家。

昀如的家在东侧。两层的水泥红砖楼房，外墙贴着的白色瓷砖已零星剥落，在时间和风雨的侵蚀中显现出了几分未加修缮的颓败；反倒是西侧的房子，哪怕红砖裸露于外，色泽褪至发灰发白，但门廊上整齐堆放着的直达天花板的木柴，却于贫穷中显出了几分勤俭持家的俨然。

有些印象慢慢从脑海中浮现——几年前我刚到上山学校时，似乎曾到隔壁这家做过家访。

正迷惑时，一个十分瘦削的老人从两堆木柴间走出来，证实了我的猜测。他是我上一届学生赵朝前的爷爷。老人并没有认出我，他怀着乡民天生的淳朴朝我友善地笑笑，一面迈着卷着裤筒、木棍般瘦而直的腿，说下去搬开路边的柴火，等会儿我的车好过去一点。

爷爷没在家，整栋房子苍凉地缄默着，只有阳台上晾着的几件衣服在风里微微颤动。

昀如是从房屋西侧一扇小门进去的。

她跑在我前头，在我还没回过神时，掀了掀床上凌乱的被子——被子平顺

了。回过头,她赧然地笑:

"爷爷一般是不铺被子的。"

屋内潮湿、昏暗。借着窗玻璃透进的几缕光线,一块小黑板靠在墙边,倔头倔脑地打量着我们。黑板上密密麻麻抄满了她近来所学的词句,比如:"一寸光阴一寸金,寸金难买寸光阴。"居中醒目的位置用彩色粉笔浓墨重彩地写着"祝奶奶、伯伯天天快乐!"。

我问为什么不写"祝爸爸、妈妈天天快乐",她脱口便答:"他们又不回来。"

奶奶和伯伯只在家住了一晚。

奶奶在广州一家医院当陪护;伯伯是从国外回来的,他的女儿在武汉外婆家,回一趟湘乡老家后,他要去武汉。

出了房间,我们走到地坪里。

眼前视野开阔,田野的尽头,是长时间也不见一辆车的043县道,傍着对面的山腰横贯而过。

一只小狗甩着尾巴跑过来,去擦蹭昀如的腿。

小狗是韶山的姨爷爷送的,给她孤单的生活增添了很多乐趣。

家附近,没有和她年龄一般大小的孩子,周末,她才可以寻出两个上初中回家来的大孩子,玩一玩、闹一闹。别的时间,与她做伴的,除了晚归的爷爷,就只有小狗。

她蹲下身去,一下一下地抚摸小狗的脑袋。她抬起头来,笑着,好像纵容孩子捣蛋的妈妈:

"不过小狗很调皮,总是把鸡给咬伤。爸爸本来不想养,他说白尾巴狗欺负鸡。"

我仔细一看，小狗的尾巴尖上果然有一小簇白茸茸的毛。

邻居家的老人又出现了，他告诉我，路边的柴火捡开了，等会车可以放心地过。他把脸转向昀如，问家里有没有开水。我赶紧回复，说我自己带了。

几年前，我是和上山学校的彭校长一起来做的家访。

赵朝前个头矮小，性格机灵。我听说他家经济条件很差。我们走访的目的即是为了了解具体情况，以便为他争取来自政府和民间的资助。彭校长是本乡本土人，那天离开的路上，他和我闲谈了几句乡邻们的议论：

他们家怕是屋场方向不对。大门朝北，前面又什么遮挡都没有，风水不好！老倌子（指赵朝前的爷爷，奶奶已去世）也算勤劳发狠的人，一个人辛辛苦苦管两个崽读书出来，结果书读得最好的细崽发疯死了，大崽呢，就是赵朝前的爸爸，也读了高中，在农村里算不错的了，身体又不好，病了几次，花了不少钱。大崽如今在外面打点工，做体力活吃不消，别的干不来，赚不到什么钱，堂客还闹着跟他离婚。屋里的细伢仔（小孩）基本就是老倌子在负责。

赵朝前现在读初二了，在花坪中学。

知道我是赵朝前的小学老师的时候，老人连连道了几声谢，说了几句孙子现在状况的话，然后到路边的菜地里做活去了。

天色渐渐阴沉，几点雨滴从天空掉落，砸在地坪前冒着细尖叶的竹梢和我们的头顶上。

爷爷还没有回来。

昀如摸着小狗的脊背，告诉我，小狗叫小毛。像是突然想到了什么似的，她开心地笑起来，说："等它长大了就叫大毛。"

雨下得更密了，我准备离开。昀如站起来，小狗也站起来，使劲摇晃着尾巴。她朝我摆摆手，说老师再见！

她的背后，是大门紧闭的房屋。

车往前往下，缓缓通向村里的主路。赵朝前的爷爷戴着斗笠，赤裸着脚踩在菜土里，还在干活。这点零星飘洒的小雨，对他来说不算什么。

看到我小心翼翼把车开到狭窄的拐弯处，老人一面斜身低头看车头靠墈边的轮胎，一面做着手势热情指挥："放心走！放心走！"

这个放学后和狗儿做伴的女孩，是我的学生；这个不知疲倦、默默劳作的老人，是我另一个学生的爷爷。

在这片广阔静寂的土地上，有多少人生命的常态就是孤单？

我离开水口村，往空旷的田野而去。风无声地吹着，渐渐枯黄的茂盛的草本植物在路两边的稻田里低伏着腰杆。

我的学生，有一些，如昀如，会自觉不自觉地以各种形式索取老师对他（她）的关注，会嫉妒老师对其他孩子的重视和赞许……我曾把这种对爱的渴求，理解为"虚荣浮躁、心胸狭隘"，心里很不喜欢。

今天的走访，重新给我上了一课，幼小的孩子，在他（她）成长的阶段，需要充足的父爱母爱来浸润，就如同胎儿需要在温暖的子宫里才能正常发育。当孩子爱的需求严重缺乏时，他（她）可能会长出如"讨好""嫉妒""敏感""自卑"等各种心理毒瘤。

我称之为"缺爱的孩子"。

遗憾的是，昀如的父母刚刚离异。

她的妈妈是武汉人且在武汉工作，也许再也不会踏足湘乡这块于她本就陌生的土地——离婚前来的次数也有限；她的爸爸呢？晚上临睡前，我在朋友圈里看到，爸爸连发了几条视频。视频里，一个年轻女子在灯光迷离的KTV放声歌唱。他问大家：我女朋友唱歌给不给力？——当然了，离婚后他要恋爱、结婚。这无可厚非。

只是，想到那个放学后在紧闭的大门前和小狗做伴的女孩，我的心头，还是泛起一股难言的苦涩。

想要【轻松阅读】掌握留守学生的现况？
还是【高效阅读】快速了解留守学生存在的关键问题？
或者【深度阅读】，阅读同类延伸作品？
微信扫码，定制专属于您的本书阅读服务方案

放学后

家，在冲坳里

走访的三个学生，按距离远近，依次是赵振林、赵威、王博。

赵振林

赵振林家在仁美村。

从学校出发，沿县道 043 往白田镇方向前行约 3 千米，公路左边有一幢挂着"仁美商店"匾的平房。顺平房左拐，上了一条凹凸不平的村路——村路也是铺了水泥的，修高铁时，满载的大货车走得多，把路面给压坏了。

汽车像醉汉在破碎而静寂的路上摇晃着，大约行驶 1 千米后，赵振林伸手指向左前方一幢颇为气派的二层楼房，说：

"就在那儿，那幢房子是我伯伯家，我家在上面。"

伯伯家锃亮的不锈钢正门紧闭，赵振林说伯伯在外面打工，家里没人。下车一抬头，却看到楼顶上晾晒着几件衣服。经过伯伯家尚未硬化的地坪，沿坡往上，赵振林家的房子背靠小山修在山坳上。也是两层楼房，红色的烧砖、灰黑的水泥预制板直接裸露在空气中，外墙没有粉刷，没有贴瓷砖，相比旁边伯伯家光彩照人的小洋楼，有几分捉襟见肘的寒酸。

堂屋里摆着一桌麻将，看到我和同行的科学课谭老师带着几个孩子上去，麻将桌边的老人们停了手里的动作，打量打量我们，又相互对视两眼，迟疑着站起来，终于把麻将给推了。有两位老人说笑着离开了，爷爷迎出来打招呼，奶奶也寒暄了一句，却往下面的楼房去了。

赵振林径自进去，取下书包放在麻将桌边的椅子上，利落地泡了两杯茶端过来。爷爷呵呵笑："这水还是上午烧的，怕是不烫，泡不开茶。你奶奶到下面去提热水瓶了。"

"下面"，指的是赵振林的伯伯家。伯伯离异多年，离婚一直单着，没有再婚，他有个二十来岁的儿子，归前妻，都去了外地。伯伯在外面打工，那幢洋气的房子空置着，平日里奶奶带着赵振林的两个姐姐住里面，守房子。赵振林的爸爸妈妈也在外面打工，做泥水匠，目前在广东韶关。如果没有特殊情况，一年到头，要年底才回来，他们的房子由爷爷和赵振林住着。

"饭还是在一个锅里吃。上面、下面轮着煮，要不，铁锅子要生锈的。"爷爷奶奶解释着。两个老人三个孩子，两幢房子里住、一个锅里吃，他们仿佛也觉出是件有趣的事情，咧着嘴开怀地笑了。此时，奶奶已从大儿子家提了一壶开水上来，重新沏了茶，又摆了花生之类吃的来招待我们。

爷爷快 80 岁了，黑而瘦的脸庞很有立体感，皱纹如刀刻般沟壑纵深。每周一的清晨，露水打湿了路边茂盛的草叶，他骑着一辆女式摩托车，搭载着三个孩子，迎着扑面而来的山风送他们去学校，三个孩子分别在上山学校和花坪中学读书。别的时间——爷爷伸出干枯的手指，比画着，说他从 12 岁开始，就面朝黄土背朝天，管几亩稻田要吃的，直到现在，也还种着两亩一季稻，解决着家里五个人的口粮。农闲的下午，忙完家务后，爷爷奶奶也会娱乐娱乐，和周围的老人搓搓一块钱的麻将。

近来，爷爷添了一件忧心事，正读四年级的小孙女赵佳童突然变得忧郁沉闷了，完全没有以往的活泼、机灵。爷爷为此颇想了些法子。先是买了羽毛球拍，想让几个孩子高兴高兴，赵佳童也能玩上一会儿，但兴头维持不了多久，便又恹恹地，只管坐在屋檐下愣愣发呆；爷爷还想了想土法子，找人给孙女敬神、下水，同样没有效果。

说到这里，爷爷显得很忧虑，他怀着期冀的目光望着我，似乎我能帮他解决这个难题。

赵佳童不是我班上的学生，从前她剪着极短的头发，喜欢跑到我跟前来晃晃、扮个鬼脸，她这形象和做派，曾一度被我误认为是个男孩子。爷爷这么一说，我才发现，她确实有很长时间没上我这里展露她的鬼机灵了，并且有一回，她班上的老师批评她时，她也确实是一副萎靡而失魂落魄的样子，我当时匆匆一瞥，还以为是被老师当众责骂得厉害了的缘故。

我心里有不少胡乱的猜测，不好和爷爷说。心里想着，回学校后，跟她的班主任提提这个事。不过，她的班主任在三年级换了一个，四年级又换了一个，现在的班主任是接手班级才两个多月的代课老师，怕是对赵佳童还没来得及熟悉。

我们向老人告辞，走出家门时，三个男孩子，赵振林、赵威、王博，拿着一根竹竿，仰着头，在离门口不远处的枇杷树下闹腾得欢。

五月的南风，暖黄了那一颗颗滚圆可爱的枇杷果。

王博

王博的家，在村路的尽头，山塘村的一个冲坳里。

我们把车停在赵威家的地坪里，由王博带领，穿过杂草掩映的小路，从山边翻过去。这样，可以省却绕远路。

说是小路，其实是草丛上不多的几个脚印罢了。走这样的路，我心里很忐忑不安，生怕突然有蛇从草根下游走到脚边来，好在身边的两个人都是一副大无畏的样子，颇为我壮了壮胆量。

小路时断时续地穿过围着网的废弃的菜圃、零乱的草地、几棵伸着瘦弱枝丫的小树，在一幢荒凉的房子前止了脚步。

踩着后墙排水沟的边埂行走，钻过一个门廊，到了房屋的正面。

一位留着齐耳白发的老人佝偻着腰背坐在厨房门槛下。她的眼睛，没有聚焦地望着前方的某一处，也许是门前那条蜿蜒隐没在山里的水泥路，也许是地坪里最是热闹的"咯咯咯""嘎嘎嘎"的鸡、鹅……听到响动，老人极缓慢地将头扭转过来，眯缝着眼，定睛看了看——她在奇怪曾孙子背后怎么还跟着两个成年人。

这是王博的太婆婆。太婆婆视力和听力都不大好，凑到耳边问她年纪，她颤颤巍巍地伸出两根指头，说是民国 20 年出生的。

除了太奶奶，家里没有别人。

视力所及，也没有看到相邻的屋舍。

地坪里堆放了两摞红砖，王博天然实惠的玩具。没事干的时候，他把砖头当积木，翻来覆去搭了又拆、拆了又搭，摆出各种造型来。他示范给我看时，伸手搬起砖块，底下冒出黑色的多足虫子，拼着命摆动细小而繁密的足节，没头苍蝇般四处逃窜，重又钻进砖头间的夹缝里，倒把不曾提防的我给吓得惊叫了一声。

王博头也不抬，继续倒腾着砖头，镇定地说了句："我不怕。"

几只鸡，在地坪另一头的灰黑色沙砾堆上俯着脑袋使劲钻洞。旁边三只健壮的白鹅，摇摆着丰满的臀部，伸长脖颈"嘎嘎嘎"直叫唤，也不知是为鸡们呐喊加油，还是向客人宣示它们尊贵的地位。

王博见我看得有趣，突然想起什么，放了手里的砖块，朝我走了两步，带着隐隐的兴奋，说："里面还有好多小的呢。"

厨房往里是光线昏暗的杂物间，屋角一个又圆又矮的旧木桶，揭开充当桶盖的竹筛，许多毛色黄中带灰的小鹅蠕动着身躯，同一只黑母鸡挤在桶内。王博俯身下去，看了看，不顾小鹅们的抗议，双手合围，捧了一只出来。他捧着小鹅走到地坪里光线强的地方，方便我更仔细地端详他的所爱——小鹅肥嘟嘟的，细细软软的绒毛轻轻颤动着。它在王博的手里使劲撑长着两只带蹼的脚掌，想要挣脱这突如其来的变故。但王博动作娴熟，灵活的小手指扒拉扒拉，小鹅便又以趴浮水面的姿势老老实实窝在他手里了。

太婆婆站在大门口远远看着，回头的瞬间，我捕捉到了她眉眼间浓浓的慈爱。那是我见到她脸上最生动的神情。

妈妈出去打工了。

家里还有奶奶，打牌去了，六点钟的样子回家做晚饭。

王博年仅三岁时，妈妈与爸爸离婚。

他的父亲，是上门女婿。

离开时，暴雨如注

这是我走访以来感觉最富生机与活力的村落——石洞村。

路边的屋场，不时有人从房屋前面的地坪穿过，敞开着大门的堂屋，不时传来人语声，水泥村路上，时有汽车、摩托车经过……

周玉玲

五月，繁花落尽，绿色疯狂地扩张它的领土。汽车绕行山脚，时有翠绿的枝叶擦着窗户玻璃。坐我旁边的周玉玲突然指着左前方远处的油菜田，雀跃地嚷："我爸爸妈妈在那边，他们在收油菜。"

顺着她指的方向，隐约望到模糊的两个人影在田地里忙碌着，几处枯叶燃烧的白烟膨胀地升腾，消散在广阔的田野的天空。

农忙时节，爸爸赶回来帮忙。单靠妈妈一人是不行的。收了油菜籽后，二十亩水稻等着下种、抛秧。等家里这些事将顺能喘口气了，爸爸再出去。爸爸跟着家附近的一个亲戚，在工地上做点事，走南闯北的，行囊就是几件简单的衣物。去年在新疆待了大半年，说适应不了那边的气候，有高原反应，冬季又太寒冷，今年不去了，换到了广东。

一下车，周玉玲紧走几步，将书包往屋门口的台阶上一扔，撒着脚丫子便朝爸爸妈妈那边的田地飞奔而去。小小的身影在弯曲绕折的田埂上迅速缩成一个圆点，远处传来她卷着舌头但爽脆的声音"老师来了！老师来了！"。

周玉玲是个九岁的女孩，一头短发像金毛狮王般从脑袋上炸开，不论是外形还是学习，她都是三年级最差的女生，另外，说话还有点大舌头。不过，这些弱点通通没有令她养成自卑、怯懦的性格。每当有个什么朗读、表演之类的，她多数要踮着脚站起来，将手举到最高，眼睛还要一眨不眨盯着我，生怕我看不到她或者她错失了我对她哪怕一个眼神的注意。

妈妈辩解说周玉玲的卷舌头是奶奶小时候给教出来的。早些年爸爸妈妈都在外面打工，周玉玲交给奶奶带。奶奶逗弄小孙女时喜欢模仿幼儿学语吐字不清的发音，结果造成周玉玲到了这么大一直都这么说话，而且，弟弟周幸康也学了姐姐这毛病。

房子就在路边，大门敞开着，我们在外面站了会儿，不见有人从周玉玲前去叫父母的路上过来，便先进了屋。

这是一幢新建不久的单层建筑，房屋十分宽敞且有商品房套间的设计，不过和多数农村住宅一样，室内的装修是极简陋的，摆放在客厅的木制沙发上随手丢了不少衣物，有些杂乱。

正打量着，妈妈进来了。

她穿着一件大红印字的棉质T恤——显然是哪里发的工作服或制服——手里提着一个袋子，笑意盎然的脸上透着体力劳动后的红晕。妈妈很胖，肥硕的肚子比得上快要临盆的孕妇，但笑容十分开朗，待人也有礼。她一边从袋子里掏出矿泉水递给我们，一边解释说家里没烧开水。

妈妈原来也在外面打工，后来孩子们一天天地大了，她想着赚钱终归是为了他们，还是应该管好几个孩子的学习，就回了湘乡。如今在工业园的槟榔厂找了份做槟榔的工作，每天都可以回来。她有三个孩子，大女儿在湘乡二中读高中，成绩还不错，二女儿周玉玲和小儿子周福康都还在读小学。

说到二女儿的学习，妈妈叹了口气，说那个时候她没在家，孩子一年级的基础没打好，现在落了后。

不过，她马上又高兴起来，说周玉玲现在进步很大，每天回来就主动写作业，也经常帮她做家务活。她特别提到，女儿很有阅读兴趣，前不久还让妈妈到街上给她买一本《三国演义》呢。

看来，周玉玲的乐观是受妈妈熏陶的。

愿每个孩子，都有一个无忧无虑的童年。

朱宇强

路很窄，碰到对面有车相会时，其中一车得退至屋檐边角处，让出容对方过身的宽度来。沿路两侧，说得上是房屋密集，且车辆行人不少，有些屋场的地坪里，三五成群的孩子在大人的看管下追逐嬉戏着，给这乡间增添了无限生机。

今天是周五，寄宿生都要回家来。

放学时，爷爷骑着摩托车来接朱宇强了。不知朱宇强有没有跟爷爷提及老师会来家访，反正，我们到达他家的时候，爷爷以及爷爷惯常骑的摩托车都不在。

空旷的水泥地坪里，左侧一溜与正面两层楼房成 90 度夹角的低矮土砖平房。一个剪着短碎发的中年男子听得声响，从其中一间走出，带着几分疑惑的神色打量我们。

从他的相貌中，依稀能找出几分朱宇强父亲的影子。

他是朱宇强的伯伯。

楼房一分为二，一边一扇不锈钢大门，这是农村家庭两兄弟常见的建房格局。两扇大门都关着，一张硕大的黑色防晒网从屋檐上方垂下，遮挡了整个阳台。

带我们过来的女孩子谭淑媛在我们与伯伯谈话时，已径自从楼房右侧附带的两间平房里进去，找了朱宇强出来。

朱宇强长得壮实，肉嘟嘟的胳膊支棱着，摸着圆圆的后脑勺嘿嘿直笑，不一会儿就溜之大吉了。伯伯洗了苹果、泡了茶，招待我们坐了，但是，在提到家里一些情况时，却目光闪烁，言辞支吾，仿佛有难言之隐。根据他断断续续的讲述，我理出了朱宇强家庭情况的大致轮廓。

朱宇强的爸爸是做道场的——这里的"做道场"指的是湖南多地农村办丧事时为亡者超度的道教法事及热闹场面的吹拉弹唱——他在家的时间既不固定、也不多，何况，爸爸有个小嗜好，爱玩两把牌，一得空，总归要凑牌桌上过过瘾的。

问到妈妈，伯伯意味深长又不以为然地笑了笑，说：一年回来一趟吧，今年正月，已经过完年了——反正是我们两口子都出去了，才回来的，都没等到朱宇强十岁（虚岁）生日那天，他是二月初十生日，所以提前两天给他过了个生日，就急急忙忙出去了。

爷爷算是守家的人。不过，除了耕种几亩稻田，爷爷也还到处做点零工，不在家的时候也常有。朱宇强如今在学校寄宿，周末回家，如果碰上那两天爷爷出去打零工，他外公会过来照料两天。外公家在安乡，育煅的另一个村，离这儿十来千米。

我说，你是伯伯，可以帮着管管侄子。

伯伯讪笑一声：我们夫妻俩都在外面，自己还有两个小孩。一个在花坪中学，一个在育塅示范校，也读寄宿，没人管。我这趟回来，是要办点事。可能在屋里待两个月吧，看情况。唉，管不得哪一头。自己的崽女都不好管，何况侄子呢……

朱宇强家房子后面，是几座连绵的大山。

山体披着深浅不一的斑驳绿装，山间林木葱茏，一层排着一层往峰顶涌去。同去的两位老师，是育塅人。他们望着大山，揣度着。一个说正对着翻过去，就到了育塅的大冲，一个说侧点方向翻，就到了他的老家。

谭美琪

从朱宇强家出来，原路折回，在许多三岔路口中的其中一个，选择右拐往山林深处的方向。沿路继续行走约两千米，到达谭美琪家。

房子后面，隔着数亩水田和一条不深的沟渠，同班女孩谭淑媛家的房子依山排立。

离学校远，又没有公家的班车可乘，妈妈们每天都要骑摩托车接送孩子。碰上其中一个不得空，另一个可以代劳，两位妈妈也因为这合作建立了更亲密的友情。

最近来接孩子的多为谭美琪的妈妈。谭美琪妈妈有农村女子的健美，肌肉饱满、皮肤黑亮，说起话来嗓门粗大、音调高亢。她是北方人，娘家在陕西。二十来岁在广东打工时，认识了谭美琪的爸爸，从此落根湖南。

妈妈这"信天游"的脾气，碰上吃了一辈子辣椒的婆婆，可没少撞出过火星子。

矛盾的焦点在谭美琪妈妈陆续生下的两个孩子，都是女儿。

婆婆两个儿子，各生了两个女儿。小媳妇灵机，老公一出去打工，她就带着女儿们回娘家住着，看不到婆婆的脸色。剩下谭美琪妈妈，成日和婆婆怄气：你嫌我生的是女儿，我偏要好好养着她们。

在对女儿们的态度上，爸爸和妈妈想法一致，待两个女儿是竭尽所能。有一次口语交际课上，谭美琪分享她感受到的父爱时，十分动情地流下了眼泪：

我家条件不好，靠爸爸一个人赚钱。但爸爸对我和妹妹很大方，我们说想买什么，爸爸立刻就给我们买。而爸爸自己需要的，却舍不得，总说过段时间、过段时间……

从住房来看，谭美琪家经济确实不宽裕。

一幢两层的半旧房子，就在村路边，中间隔着一块小小的没有打水泥的沙石地坪。一栋紧凑的二层楼房只有半边属于谭美琪家，另半边是谭美琪叔叔的。房子里面，墙壁以及垂挂在堂屋正中天花板上的吊扇上落满了岁月的尘埃，使得从门窗处射进的光线都收敛了亮度，黯淡下来。但是，地面是干干净净的，朴素着一张只打了水泥没有其他任何装饰的脸，家具也各自归置得井井有条。

楼上几间房子连楼梯间数年来都保持着毛坯房的本来面貌，一家四口只住楼下两间房。谭美琪和妹妹睡靠堂屋里侧的房间，除了床和衣柜，还有一张桌子放在窗边。所有的家具都漆上了老红色油漆，衣柜和桌子是木屑压成的密度板做的，窗户铝合金与墙砖交接处，有一圈宽窄不一由水泥打出来的补丁堂而皇之地袒露着。

说到经济状况，谭美琪妈妈说她娘家那边可比这里强多了，虽然也是农村，但家家都有果园，苹果啊、核桃啊，一年至少能挣十多万。

嫁给谭美琪爸爸，图的是他人好。

——妈妈脸上，泛起一层红晕，她带点少女般的傲娇，羞涩地笑了。

谭美琪妈妈兴高采烈地带我看他们家新打的组合灶。

结婚十年了，做饭炒菜的地方就是一张由几根木棍、一块木板钉成的简易小桌。婆婆在世时，治病花了不少钱，一切从简。如今婆婆去世，家里慢慢有了些小积蓄，可以着手进行一些家庭建设。

她和老公说，我就想打个组合灶。

她顺手拿起一块抹布，拭了拭台面上泡茶时滴下的水渍。光滑的人造大理石板光可鉴人。

日子是越过越好了，谭美琪的妈妈对未来还有很多设想。

她指指头顶上，说，满叔准备装修二楼，楼梯间两家共有，两兄弟商议好了，满叔出材料，老公出力气。二楼属于自己家的这一边，先放着，以后再说，一楼的房间目前也够用。

眼下，妈妈的全部心思都在女儿们身上。

"我小时候生活苦，没读得书。所以，自己再怎么省，也要尽力让女儿们吃好穿好，让她们把书读出来。"提起往事，她眼眶红了，咬着下嘴唇，倔强地不让眼泪流出来。

妈妈对女儿要求严格，除了老师布置的作业，另外买了资料给谭美琪练习，并亲自批改、督促女儿纠错。她规定，每周六、周日的上午，孩子们都必须在家学习。

谭美琪原本成绩、表现均为中等，这个学期性格越来越沉静，这次期中测试，一举跃居为班级第三名。

37名学生，父母都在本地务工的，有3名。
谭美琪是其中一个。

谭淑媛

谭淑媛是个落落大方的女孩。这种落落大方，体现在她不想方设法吸引老师对她的关注，不过分嫉妒老师对其他同学的赞许，不在与老师、同学之间的关系中患得患失，她温和、柔软、正常……我把她拥有这种在众多留守学生中不多见的性情归结为——不缺爱。

谭淑媛爸爸也在工地上工作。和周玉玲爸爸不同，他是个吃活泛饭的人，自己接点工程，也亲自动手干活，算是走南闯北见了世面。爸爸很宠爱这个小女儿，虽然常年在外，不过，从不忽视对女儿的教养，这从他在家长微信群里发言的活跃度可以窥见一二。

妈妈的职责是固守后方，料理家务、带好孩子。她已经带大了一个儿子，儿子二十多，在长沙打了份工，做事、赚钱、交女朋友，无须她事无巨细地操心了。年纪小老大十多岁的女儿谭淑媛，是全家人的掌上明珠，受到了家人的精心呵护。

如今这小豆芽已日渐成长，变为了一棵能经点风雨的幼苗，妈妈寻思着，可以找点不影响照顾女儿的事做做。经谭美琪的妈妈介绍，她在十多里开外的陈家湾制衣厂得了份事。虽然薪资不高，好在是做定额的，上下班考勤不太严格，早上她可以骑摩托车顺路送了女儿上学，晚上也不耽误回家做饭，算是一举两得吧。

谭淑媛一回家，左右两边楼房便接二连三摇晃着出来几个走路还不稳实的小孩，加上一起过来玩耍的谭美琪姐妹，安静的地坪里突然间叽叽喳喳热闹起来。两只小狗甩着尾巴在孩子们脚边活跃地跑动着，逗引他们叫着、嚷着，迈着短短的小腿去追赶捕揽。

一个年轻的女子含着浅浅的笑过来招呼我们，忙着端茶倒水。她自我介绍说是谭淑媛的"嫚嫚"，我打量她脸上的轮廓和谭淑媛有几分相似，以为是淑媛的姑姑。我这样一说，她露出几分既惊奇又啼笑皆非的神色，解释说她们没有血缘关系，她是淑媛叔叔的老婆——普通话叫"婶婶"，湘乡方言称"嫚嫚"。倒是我与传统称谓脱节，闹出了笑话。

谭淑媛的家坐落在一个大屋场当中，左右排列着几幢高大方正、形如魔方的屋宅，呈半圆形环绕着一块宽阔的水泥地坪。她爸爸有四兄弟，每个兄弟挨屋独立地建了一幢楼房。其中一幢房屋的水泥外墙上，被人用黄色的涂料端端正正竖写了"谭家屋"几个大字。我问是这个地方的地名就叫"谭家屋"，还是因为谭家兄弟住这里自己给命名的。谭淑媛的一个叔叔不好意思地笑笑，说是他们自己取的，写着好玩。

屋场正前方，是一片水田。几个农人正卷着裤腿，俯身耕作着。他们一面抡着胳膊将手里的秧苗四下抛散开去，一面和田坎上驻足观看的邻居老人闲聊两句，说着插秧好还是抛秧好的话。

天色逐渐阴暗了，云层严严实实布满了天空，不留一丝缝隙。初夏的风狂劲地吹着山间蓊郁的修竹，那些细碎翠绿的叶子发出"簌簌"作响的呜咽声。几点零星的雨从天而降，滴答、滴答，砸在头顶、鼻梁间。

返回的路上，狂风大作，暴雨倾盆，车窗前的雨刮器拼命地扫开湍急的水流，天地间瞬时弥漫为白花花的水雾的世界。

谭淑媛的妈妈，怕要因为这场骤雨，耽搁了回家的时间吧。

225

放学后

枇杷黄了

烈日炎炎，我心里颇踌躇了一会，才下定决心顶着这么一个熊熊燃烧的大火球去田间林梢四处白晃晃一片的乡间走访。

选定的是两个女生——杨紫婷、刘清。出了校门没多久，追上一个矮胖的小眼睛男生，脸蛋晒得通红，正吭哧吭哧喘着粗气埋头赶路。是我们班的杨添祥，问他，得知家是同一方向，便带上一起回去。

杨紫婷

三个人都是上山村的，最近的是杨紫婷。

出学校沿县道 043 往白田镇方向前行 400 米左右，马路右边有一家卖水电器材的商店。经商店门口从几幢外部装修精致颇具欧美风的小楼间穿过，便上了一条土路。土路左边是一座面积不小的竹林，冬日和煦的午后我曾散步来过这里。根根修竹拔地而起，直冲云霄，迎着炫目的阳光在高空的微风中欢乐地颤抖着羞涩的梢头，碧玉般的竹叶上银光闪烁。

过竹林不远，上一个土坡，就到了。

杨紫婷家地处土墈高的一侧。顶着深蓝色琉璃横梁的两层楼房，敞开胸怀接纳依旧火辣的西斜阳光从门窗间扑洒而入，落在白色的墙壁、灰白的地面、暗红的家具上。阴暗与光明，两个对立的世界被几笔随意的线条和谐衔接。地坪上晒着一整坪的油菜籽，主人用木制的耙将它们扒成如细浪起伏的一垄一垄。油菜籽色黑，是极幼细的圆粒状，人要踩上去，保准滑不唧溜摔个跟头。在收获中洋溢着欢乐的奶奶，眯缝着满是皱纹的眼，抬头望了望额角上方的日头，呵呵直笑——这么大的太阳，再晒一天，就可以拿去榨菜籽油了。

这一地坪油菜籽，估摸可以榨出几十斤菜油。

我去得巧，撞见在长沙打工的爸爸在家。之前未见过杨紫婷爸爸，他的形象出乎我的想象，叫我颇吃一惊。

我以前和爸爸在电话中联系过，低沉粗哑的嗓音，加上他那时在菜市场做贩卖鸡鸭的生意，这两方面的信息加起来给了我一个直觉的印象——杨紫婷爸爸是个形容憔悴的中年男人。

现在活生生站在我眼前的这个男人，相当年轻，看上去也就三十岁左右，下穿一条七分宽松牛仔裤，上套一件棉质圆领T恤，脚上趿着一双棕色皮质凉拖鞋，颇有几分家居适意的休闲感，很不像平时扎脚束手在田里耕作的农民。

我意识到，我对农民的认识，要刷新了。

贩卖鸡鸭的生意他和妻子并没有久做，后来各自找了别的营生。爸爸去米粉店当厨师，妈妈在生产手机屏幕的工厂做工。到长沙前，他们曾去过其他城市谋生，时间或长或短地打过很多份工。在外打拼的年头里，时间像野地里潺潺流淌的小河，不急不缓也不停歇，总以这个步调向前。有一天，夫妻俩回到像大树扎了深根一般的老家，在某一个瞬间，惊觉孩子大了，父母老了，自己的心也沉了。夫妻俩数夜辗转难眠，做了重大的决定——回湖南，到离家近的长沙去寻找生存的机会。父母孩子，终是牵绊风筝远飞的线端。

杨紫婷牢牢记住了爸爸工作的米粉店店名——"牛牛米粉"。她笑嘻嘻说着"牛牛"这叠字时，浓厚的鼻音充分体现了此名让她觉得有趣的地方。不过，现在爸爸又不去"牛牛米粉"店上班了，他准备到一家大超市的美食角工作。美食角还没正式营业，爸爸得空回家几天，白天帮老父老母地里做点农活，晚上瞧瞧女儿的学习情况。有一回，杨紫婷抄录数学家庭作业时，将"庭"写成了"廷"，被爸爸发现，发了一场火。他不仅将女儿怒斥了一顿，还在孩子班级的家长微信群里发言质问数学老师，问是否检查了家庭作业。

妈妈更惦记女儿。昨天放学，杨紫婷打电话跟妈妈哭诉，说自己在学校排演的六一舞蹈节目中落选了，她很伤心。妈妈心疼女儿，担心女儿自尊心受挫，向我说了许多好话，希望我还是给杨紫婷一个机会让她去参加舞蹈表演，让她过一个快乐的节日。

严父慈母，所以女儿黏着妈妈。爸爸离家的时候，她若无其事，但如果是妈妈回来要走，她便得大哭一场。

暑假里，爸爸妈妈会把杨紫婷和弟弟接去长沙。

但是，杨紫婷宁可在家读书。

爸爸妈妈和粉店的同事共住着一套二室一厅的房子。杨紫婷和弟弟去了，晚上同爸爸妈妈一起，四个人挤在一间小房子里。爸爸妈妈上班去的时候，她带着弟弟，窝在房间里，哪也不能去。和山高地阔的乡下家里比，这封闭而狭小的空间实在叫田间地头四处野惯了的女孩儿倍感憋闷。时间漫长而无聊，一整个白天，室内的光线仿佛从没有在明暗间发生过变化，唯有光影里密集的灰尘不知疲倦地舞动。

还在读幼儿园的弟弟傻乎乎地盯着电视机屏幕上闪烁的画面。电视机老旧了，疲乏地缄默着，一个字的声音也不发出。弟弟看得津津有味——除此之外，他也没有别的可干。杨紫婷不愿看哑巴戏，好在，她有一个玩伴，可以打发些时间。那也是一个趁假期到爸爸妈妈这里来住的小姐姐。

杨紫婷和我说，读书的时候，有很多同学一起玩啊。

我问，你不想和爸爸妈妈在一块吗？

她想了想，有点害羞，但还是坚持着原本的立场：他们有时候也会回来看我的。

离开的时候，奶奶扒着车窗，非要塞给我一些家里自产的土鸡蛋。我推辞不过，接了。奶奶倒千恩万谢，一边松了手，放我离开，一边反复念叨："谢谢老师，一切都拜托老师啦。"

杨添祥

公路的另一侧，在一片广袤的田野边，蜷伏着幼兽般起伏的低矮山脊。

我至今记得第一次走访这片区域，被穿荫拂柳的山路绕得辨不得方向的迷失感。那是几年前，我去一个家庭经济贫困的学生家实地考察，以提供切实的信息给意向资助人。

杨添祥的家，在深入田野的腹地。

去他家，首先得切过挨近公路延伸田野的山脚。村路，像一条蜿蜒静卧的长蛇。车子顺着路的方向，上山、下坡，在屋场间穿行，从田野里穿过，最后，艰难地攀爬了一座弧度太高的小拱桥，在水光潋滟的大池塘前选择右边的小径，靠近杨添祥的家。

虽是同一个村，但年纪尚小的刘清和杨紫婷也从未往这个方向来过这么远。她们一边好奇地打量着车窗外的景致，一边啧啧惊叹：

"杨添祥，你家真远啊。"

"你每天走路上学，要走好久吧。"

车从一幢正在修建的房屋跟前经过时，杨添祥移开凑在车窗玻璃上的脑袋，扬手一指："我爸爸在那里做事。"

他指的方向，一个身着灰绿帆布劳动服、弓着腰背用力铲水泥浆的男人从车角一晃而过。

除了建房，爸爸还有一门赚钱的手艺——扎纸屋。

这种纸屋专用于丧礼，作用是让死者在阴间有广厦高楼可住。随着物质生活的提高，纸屋也越发扎得讲究了。一般来说是二三层的别墅式样，楼顶平台停有直升机，楼下院落泊有豪车，另有看家护院的警卫，有穿统一制服的管家、仆妇……排场阔气到叫活人看了，也不由得心生艳羡。这精美的、需花费两名熟练匠人一两天工夫扎起来的纸屋，会在丧葬仪式的某一个流程中，于傍晚时分在近流水处与大堆的冥钱、纸扎的服装，以及死者生前所用之物，一起焚化。冒起的滚滚浓烟与冲天大火，刺穿落日余晖下升起的青色雾霭，远远传递，使观者心生悲怆。

经常焚化纸屋、冥钱的地方，散发着另一个世界的诡异气息。

大人是不教小孩子去玩耍的。

杨添祥上面有两个姐姐，都在城里读书，一个念高中，一个念职高，逢月假、半月假才回家。他长途跋涉回到家，妈妈多半是在的。妈妈履行一个典型农村妇女的职责——耕田、种地、带孩子、干家务。

不过，我们到的时候，这幢秃顶的平房大门冷冷地紧闭着。门前，包括左邻右舍都阒静无人。房子坐西朝东，隔着三四米宽的地坪，前面地势略低处也平行建有一幢房子。两幢房子中间的空地形成了南北通透的一条短巷，吸引着南风从漠漠水田呼呼地往这瓶颈里灌，又在北端的三岔路口四处溢散开去。在炎热难耐的天气里，这真是个纳凉的好处所。

我四处打量着，没留意杨添祥是怎样开的门。也许是他拿了藏在哪个不起眼的角落里的钥匙，也许是门并没有锁严实，只需拧开把手便是。农村里，没有哪家一本正经防贼防盗。

房间里面收拾得还算干净，只是墙壁到处有雨水浸湿的渍痕和发绿发黑的斑点，一股霉湿气味似有若无，萦绕鼻端。

打开后门，却别有天地。

后面一间硕大的崭新的厨房连着一幢工程已近尾声的新房子。

新建的也是平房，换了斜坡琉璃瓦的屋顶，朝向调整为坐北朝南。堂屋前，有一处四五个平方米的门厅，正对着一大片长着幼苗的稻田以及田野对面一线低矮的黛绿。屋子后面紧挨村里的主路。房屋虽然建得敞亮，但只有二室两厅。爸爸妈妈有安排，新房子中带卫生间的卧室归杨添祥住，另一间小些的卧室两个姐姐共住，爸爸妈妈住老房子。或许，爸爸妈妈没有说出口但盘算于心的想法是，等两个女儿出嫁，小卧室就归杨添祥以后的孩子。

在农村，儿子的地位，毋庸置疑，是远高于女儿的。

我们向杨添祥告别时，他倚着门摆了摆手，向我们说再见。

妈妈还没有回来，许是在上面的菜园里干活，许是踱到附近人家串门子扯淡了。

刘 清

二楼北侧尽头的卧室，对着门挨墙摆放了一个高大阔气的书柜。清新淡雅的松木原色，中间一隔左右两边各排列了十来本书，大部分空间还空落落地等着主人去填满。

书柜下半截宽出几十厘米，作为书桌设计。桌面上摆了两盏台灯，粉红底色上缀有几个白色圆点，造型是圆嘟嘟的蘑菇，十分可爱。

书柜归姐妹俩共有，左边是姐姐的，右边是刘清的。

房间里面，有一张1.8米宽的床。

这是我走访的众多农村家庭中，唯一专门为孩子准备了书柜的。

半数以上的学生，别说书柜，就连一个专门学习的清静处所也没有。这并不是因为住房面积不够导致的。农村住房，多为上下两层，灶屋附在主体一侧。房屋多而空旷，但大家不讲究室内布局和装饰，有些房间空空如也，没派上用场，有些房间则摊着一地的杂物。很多父母虽然走南闯北见识过繁华的都市，但思想上还不具备这样的意识，说要给孩子备一个学习的书桌和存放书籍的书柜。

孩子放了学，或搬一高一矮两条凳子坐于屋檐下的台阶处，一边逗小狗戏耍，一边抽空写几个字；或坐在堂屋、灶屋里，在吃饭的四方桌上，推开零乱堆放的物件，腾出一小块空地，手肘子还搁在什么东西上就急急忙忙写起来；当然，还有在家一个字也不动，书包一扔，就守着电视机的孩子，反正爷爷奶奶也管不了。

刘清的家藏在山中的密林里。这山，不是巍峨的大山，不是陡峭的险峰。它是湘中不高的丘陵。小山包像扁担似的，一头挑着上山村，一头连着仁美村，而刘清的家，正在扁担隆起的正中间。

下午五点，两层楼的房子，也是一个人也没有。

树木掩映中的静，少了风声，多了鸟语，多了满眼滴翠的绿。门前是一口不大的山塘，不锈钢围栏在阳光里锃亮耀眼。地坪里很阴凉，长势浓密的树木将地坪和房子团团合围，只在池塘一侧伸进来的水泥路那里开了个口子，漏进一地阳光。地坪另一角，靠近池塘的地方，一棵瘦高而茂密的枇杷树静静地屹立在阳光里，甜美着一树橙黄的枇杷果。叶隙间，星星点点的阳光在闪耀。

和刘清共用一个书桌的姐姐在街上读书，放假才回。

爷爷是耕地的一把好手，固守着以牛犁田的不合时宜的传统。他去放牛了。

奶奶爱打牌，估计此时还在哪个邻居家的牌桌边。

爸爸在长沙做生意。

妈妈呢？上山学校的彭校长和我说：刘清的妈妈嫁过来十多年，我都不认得她。

彭校长五十来岁，是资深的本土本乡人。长年工作在上山学校，又经常回去看望父母，方圆数里各家各户的情况基本门清。他老家和刘清家只有几步之遥，同在一个生产队。直到刘清来上山学校上一年级前，他都不认识刘清的妈妈。彭校长说，刘清读书后，她妈妈经常为孩子在学校的一些小事打电话找我，我才知道她是我隔壁屋里的媳妇。他们俩公婆一结婚，就在外面打工，十多年基本没在屋里住过。

刘清上小学后，妈妈回湘乡了，在街上建材市场一家经营家具的店子打工，她会在吃晚饭的时候回家。

刘清高举一根极长的竹竿，踮着脚使劲地拨弄树上的枇杷。一两点从枝叶间逃逸出来的光斑落在她脸上的细绒毛上，眨着调皮的眼。每掉下一串，高头大个的杨紫婷便甩着马尾辫笑嘻嘻地跑过去捡拾，将枇杷果拿在手里左右检视一番。饱胀的枇杷果，从高处坠落，往往会留下损伤的痕迹。两个女孩儿顾不得这许多，剥了薄薄的一层皮，便将细嫩的果肉往嘴里送。两粒黑褐的果核随着舌头灵巧的一卷一伸，在空中划出一道弧线，骨碌滚落地面。

枇杷又名金丸，果肉柔软多汁，甘酸适口，有清肺止咳等功效。五月的乡间，处处可见那金黄的果实在枝头叶间觑着眼四处张望。

晚课

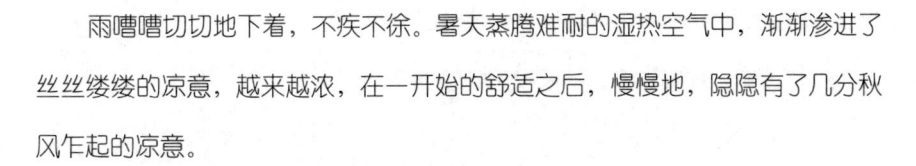

想家

　　雨嘈嘈切切地下着，不疾不徐。暑天蒸腾难耐的湿热空气中，渐渐渗进了丝丝缕缕的凉意，越来越浓，在一开始的舒适之后，慢慢地，隐隐有了几分秋风乍起的凉意。

　　新调来的谭欣欣老师，发出一声哀叫，目光直直地穿透我，投向了即将到来的夜晚的时空。

　　谭欣欣三十岁，是学校最年轻、最时尚、最活泼的女老师。上山学校地理位置尴尬，离城区不够远，也不够近。新考了教师编制或从湖南第一师范学校毕业的定向培养的年轻教师，和政府教育部门签有协议，须到偏远乡镇的学校工作5年以上，上山学校不在此列；从偏远乡镇往近城乡镇调动的老师，又嫌上山学校离城不够近。

　　于是，包括上山学校在内的近城乡镇却又位置偏远的学校就有了一个堪忧的现象：师资力量薄弱。这主要体现在两方面，一则教师年龄偏大，二则教师人数不足。

　　谭欣欣是从白田镇调下来的，她成功地实现了从原校雷厉风行的教导主任到上山学校最年轻、最有活力，也是资历最浅的"傻白甜"的转化。欣欣老师

235

初来乍到，还没能适应学校每周有一晚轮值守寄宿生的制度，加上临时通知，把她从两天后的周三值班调到今天，所以，毫无思想准备的她在突发而至的"喜讯"面前，完全蒙了。

她目光空洞，眼前浮现的仿佛是即将到来的既繁忙又荒凉的夜晚，自言自语：我想放学就可以回家。

我同情地看着她，虽然她的反应夸张得逗人发笑，但情感上却是极有共鸣的。说不清什么原因，在学校值班的那些夜晚，当夕阳渐落，暮色从广阔的田野慢慢聚集、上升，慢慢倾泻到田野一隅如一方小池塘的校园时，当浓稠的夜里，只有零星的几处灯光在黑暗中挣扎，似乎随时可能被吞噬而完全陷入死寂的深渊时，心头便会抑制不住升起被世界遗弃的苍凉。

或许，有这种感觉的，不仅仅是年轻的老师。

章自渝急冲冲地从教室后门出来，挡在已经走到楼梯口的老师前面，憋红着脸，说了句什么，低微的音量使他的话语完全淹没在放学时分嘈杂的人声中。我匆匆瞥他一眼，一面让他等会儿，一面扬高声音，在熙熙攘攘的人群中，叫住准备从楼梯间溜之大吉的赵振林。

赵振林从二楼走廊往操场抛了个状似石头的东西，我在教室前门口远远看见，来不及阻止，吓了一跳，生怕砸到哪个学生。听到我唤他的名字，赵振林头也不回，只装作没听见，三步并作两步就往楼下窜。我提高嗓门，又叫了一声，这回添了严厉的音色。小孩子毕竟畏惧老师，他止住脚步，回转身来，极不情愿地蹭到我跟前，眨巴着长睫毛的眼睛，挨了我一顿训斥。

章自渝默默地站在旁边，等我放赵振林离开，再去注意他，出现在我眼里的，是他低垂的头颅，微卷的头发理得很短，露在衣服外面的颈部上还有一层稀疏细软的绒毛。这是个素来温良、腼腆的小男孩，就连说话也总是温声细语带着稚嫩的童音。我摸了摸他的柔软的头发,问有什么事。他抬起头来望着我,脸上阴郁的乌云浓得快要滴出水来。他低低地说了一句:"老师,我想今天回去。"

他的眼眶潮湿了。

我恍然大悟——看到同学们背着书包欢欢喜喜回家去,他终于憋不住来跟我请假了。

章自渝是寄宿生,这个学期开始的,到今天不过几天时间。还在上学期,也就是他读二年级时,他妈妈就问过我几回,看这学期学校能不能寄宿。章自渝的名字是有来历的,他的妈妈老家在重庆。爸爸一直在外面打工,妈妈生了小妹妹,准备过了哺乳期就出去。爷爷奶奶都已年迈,况且农村家庭,少不了田里土里的活,还要照顾孙子和幼小的孙女,实在力有不逮。妈妈想着,把儿子放到学校读寄宿,也算放了一头心。

章自渝很不情愿。他性情温和,不像多数男孩子那么跳脱,十分恋家,妈妈好说歹说地跟他讲道理做工作,又一再保证,会经常回家来,只要回了家,一定会来学校看他。小男孩于是努力克服心中的恐慌,决心做个明理懂事的孩子,减少妈妈的顾虑,答应到学校读寄宿。

在学校住了几晚,班上同寝室的男生就向我反映了几次,说章自渝夜里蒙着脑袋哭了好几回——八岁的孩子,突然脱离了爷爷奶奶的宠溺、妈妈的慈爱,用柔弱的肩膀来承担独立生活的所有事情,在他的感受中,这种变化太过凌厉了吧。

他的心里,一方面为自己的"不坚强"而羞惭——因为老师总说"我们要做个坚强的孩子",另一方面又抵挡不住夜深人静时内心的惊悸与慌乱。男孩终于向老师开口,用嗫嚅的声音、愧疚的神色和满怀希冀的目光说出盘旋在心头好几天的愿望。

我硬着心肠，拒绝了他。

放学这一刻，校园是沸腾的。

年迈的爷爷奶奶、年轻的爸爸妈妈，走路的，骑摩托车的，也有开车的，把校门处一小块地方挤得满满当当。老师一宣布放学，孩子们便背起早就收拾妥当的书包，欢呼一声，往各自的家长那里跑。家长们伸手接过书包，摸摸孩子的头，嗓门或大或小地询问几句孩子在学校的情况。

父母不来接的学生，三两个一起，说着笑着，也往学校外面走去。

章自渝孤单地站在教学楼二楼的走廊上，望着粗壮的人流在校门口分出枝丫，伸向不同的方向。学校正对着一片广阔的田野，可以极目远眺。九月的秋季，水稻用青黄两色在大地铺出一派丰收的喜悦。同学们的身影，越来越远，逐渐消融在稻田深处、山的脚下，那是家的方向。

夕阳从走廊西侧远处的山头斜照过来，阳光像橙黄的水银流泻在操场。校园安静了，欢蹦乱跳着的人影不见了，只有遥遥相对的篮球架，打着哈欠懒洋洋地对视一眼。

教室里传来零碎飘忽的话语，在空旷的校园里晃荡着，忽而又被一丝似有若无的轻风给送得远远的，消散在明媚空寂的蓝天。

章自渝不想进教室去，不想和其他寄宿生一样，去写写作业、做做游戏。他什么也提不起精神来做，只想就这样呆愣愣地站在走廊，透过不锈钢栏杆的间隙望望家所在的方向。他想起爷爷，爷爷粗糙的手掌抚上他的头顶时，他像只温驯的小猫受用至极；他想起妹妹，他在地坪里骑着自行车绕圈时，妹妹就在旁边拍着手，转着圈，咯咯咯地笑得欢；最后，他想起妈妈。他的眼睛湿润了。

他把头埋进胳膊，长长的走廊里，只有他一个人斜斜的影子，在缓慢地、悄无声息地移动位置。

暑假里，妈妈和儿子商量："章自渝，妈妈要出去赚钱，爷爷奶奶年纪大了，还要照看妹妹，很辛苦。你长大了，这个学期去学校寄宿吧。"

前几天，星期六，他在家的时候，妈妈出去了，去广东打工。临走时，妈妈说："章自渝，妈妈走了，你要照顾好自己哦，听爷爷奶奶的话。"

每次，他都张了张嘴，想要说：妈妈，我不想去寄宿，你别出去好不好。可是，他一向是个听话的乖孩子，所以，直到最后，他什么也没说，只是睁着可怜巴巴的眼睛，点了点头。

章自渝抬起头，擦了擦眼睛。

校园里，完全沉静下来了。傍晚的风，带着一丝不易察觉的清凉，擦着他的耳际，往教室里飘。

眼前的田野、田间的路上，再也看不到一个人。金黄的稻穗在阳光下闪烁着梦幻般的色调，他觉得阳光凉凉的，田野里的黄与绿，也凉凉的。

有人轻轻拉了拉他的衣角。

他扭过头，是和他一样在学校寄宿的李谨顺站在旁边，默默地看着他。

晚课 有个男孩放声大哭

  吃过早餐，穿过教学楼的过道，我往后操场走。一个男孩跑着追上我。男孩长相俊朗，相比一年级的同龄孩子，个头称得上高大魁梧。

  "老师，今天我值日。"

  他跟着我，压低声音神秘地说了一句，脸上有一丝得意。我丈二和尚摸不着头脑，不知道他说的是什么。

  他不知如何解释，只是圆睁眼睛一再强调："值日！值日！"

  我醒悟过来——他是一年级选出来的校值日生。按学校的管理制度，校值日生轮流检查各班考勤、纪律、卫生等方面的情况。今天轮到他了。

  我笑着摸摸他的头，表示赞许。

  旭日从东边的尖公寨升起，明艳的阳光射进了校园。这几天，气温上升，颇有秋老虎的威力。所幸，早上的阳光尚不炽烈。

  老师和学生们，陆陆续续在校门外几条直的、弯的路上现出了身影，渐行渐近，像水流汇进湖泊。除了老师和学生，今天还来了不少家长——学校请了一位省城的教育专家，要开一场题为《家长是孩子的第一任老师》的讲座。离讲座开始还有段时间，来得早的家长三三两两在前操场的阴凉处等待着。

我和小丰老师、星星老师，站在后操场宿舍楼前。

很多个早上，我们以这种方式开始一天的工作：一边有一句没一句地交谈，一边看看早自习前学生们的各类活动。跑去寝室整理内务的寄宿生，早餐吃得慢还在水池边洗碗的学生，挥舞扫把打扫公共区卫生的值日生，通过过道，还可以看到背着书包走进校园的学生……

他突然从教学楼的过道径直走过来。

他走到老师们跟前。抬起头，脸颊上挂着两串泪珠。

"怎么了？"小丰老师率先问，她是一年级的班主任。

"我想我妈妈。"好像打开了水龙头的开关，他噘着嘴委委屈屈的模样变成了号啕大哭。

"你刚才还跟老师说你今天值日呢。应该高兴呀，怎么突然想妈妈了？"我有些疑惑。

小丰老师朝前操场努努嘴："其他同学的家长来了呢。"

我恍然大悟。

这个看似开朗、懂事的男孩儿，其实，还眷念着妈妈怀抱的温暖呢。

上周二，五年级有个寄宿生的妈妈来看望儿子，带了零食，嘘寒问暖地关心儿子的饮食起居。而他呢，紧紧跟在那对母子身边，像被磁铁吸住的一块铁石。他眼巴巴地看着，羡慕、伤心，慢慢地，他眼眶红了，眼泪出来了，身体挨"妈妈"越来越近了……最后，他紧紧搂着另一个孩子的妈妈放声痛哭起来。

老师们劝慰了他几句。不过是些妈妈要赚钱，没空来，过两天就可以回去了之类的话语。他慢慢停了哭泣，但也并不走去别的地方，只是后退几步，在一旁的花池边沿坐下。

他撑着下巴，看看老师们，又望望别处，再把视线收回看看老师们。他不言不语，泪水未干的大眼睛里盛满了失落。

过了片刻，小丰老师走过去，牵起他的手。

他顺从地站起来。

师生俩一同朝教室走去，男孩紧紧地挨着老师。

或许，老师身上传来的那点温暖，能给他以抚慰。

晚课

请假

  清早的空气，还有些微寒。然而，东方的天际，在淡青色的底色上，已晕染出一层由深至浅的橘色。

  天亮后，寝室楼前那几棵高大的玉兰树上成百上千只鸟儿倒没了声响，大概是飞去田野觅食了吧。吃饱喝足后，它们会就近停歇在横掠过田野上空的电线上。

  白昼，校园是孩子们的。

  这是星期一早上八点左右。

  学生们基本到齐。通读生背着书包直接往前面教学楼的教室去，寄宿生则大包小袋地提着，往后面的宿舍楼跑。包里装有干净的换洗衣服，也有零食。寄宿生在学校从周一待到周五，周五放学时，也是提着袋子、背着书包欢天喜地往学校外面奔。那个时候，袋子里装的往往就是准备带回家去洗的脏衣服。

  无论是通读生还是寄宿生，如果轮到打扫公共区，安顿好后，便从教室的卫生角，拿个扫把，走出教学楼来。扫把有时拖在身后，有时扛在肩膀，有时则高高举起，像一面旗帜……他们拿的扫把各式各样，材质不一，大小不同。

有用竹枝绑出来的大"竹扫把",有用棕树皮捆成的"棕扫把",还有用高粱秸秆扎出的"高粱扫把"……总之,原材料取自山间地头,绿色环保,物美价廉。

几个学生挥舞着手里的扫把,同落在地上的落叶、樟树籽周旋作战,当然,还有一些花花绿绿的塑料包装袋和白色纸屑。

相对于这寥寥几个人,操场显得很阔大。调皮的男孩子经常混淆了手中那长柄家伙的功能,扫着扫着,就开始耍弄起棍棒来。如果没有老师盯着,不时催促两句,很可能会出现这样的情景:这些猴崽猴孙们会从早自习前一直兴致勃勃地"演练"到早自习下课,才终于拖着"战斗武器"——扫把、撮箕、垃圾桶,像吃了败仗的散兵游勇一般不情不愿地走回教室。

我站在宿舍楼的走廊前,履行"监督催促"的职责。一个矮墩墩的老太太穿过教学楼的过道往这边走来,腋窝下夹着一床深红花色被子。不知是不是因为夹带了东西的原因,她走起路来左摇右晃,跟只大白鹅似的。我认出那是杨紫婷的奶奶,她来学校的次数较多。

我朝打扫公共区那边的学生叫了一句:

"杨紫婷,你奶奶给你送被子来了。"

杨紫婷扭头一瞧,放下扫把,跑到奶奶跟前,领着奶奶上楼去她的寝室。

杨紫婷刚读寄宿时哭过好几回。

一开始,是晚上熄灯后躲在被子里偷偷地哭。第二天我询问寄宿生就寝的情况,同寝室的同学提起她哭鼻子的事情,她羞红着脸,将身体扭来扭去,很不好意思。不过,她哭鼻子的劲头并没有因为害羞而停止,反有越发凶猛的势头。过两天,她眼睛浮肿、鼻子通红地出现在教室。我一问,她便眼泪吧嗒吧嗒地往下掉,半晌才含含糊糊吐出"感冒了",声音带着浓厚的鼻音,比鸭子的叫嚷还要嘶哑。

几个女孩子围在旁边，搭腔："她是想家。"

几天后，我在学校值晚班，吃过晚饭，杨紫婷紧跑几步，在食堂门口追上我，说要请假回家一趟。

她眼巴巴地看着我，流露出乞求的神色。

我左右为难，担心准了第一回，她会要来请第二回、第三回；又害怕给其他寄宿生不好的榜样——章自渝早已按捺不住，寻了好些理由向我请假。

我说寄宿生中途回家必须由家长向老师请假。

杨紫婷把手腕一抬，伸到我跟前，上面赫然戴着一块电话手表。她是急切而又倔强的，"我跟爸爸妈妈说过了，他们同意。"

果然是杨紫婷爸爸的声音：

"老师，让杨紫婷今天回去住一晚吧。她感冒了，回去吃点药。"

我只得同意，又提醒爸爸，天色晚了，一个小女孩孤身回去怕不安全，最好有家长来接。

不知是不是实在抽不出人手，杨紫婷爸爸表示女儿一个人回家没有问题，家离学校不远，路又是她向来走惯了的。

黑纱笼罩的夜色里，杨紫婷往校门口走去。她的手还是高高抬着，放在耳朵边，隐隐有声音从电话手表里传出，顺着夜风飘到我的耳里，"就这一次啦"。

爸爸告诫的话语里有一丝无可奈何的妥协。

杨紫婷"嗯嗯"了几声，语气柔顺。挂了电话，她放下胳膊、加快了步子。此时，她的身影倒并不显得孤单，或许，是因为她脚下的路，穿过田野、山坡，目的地是那散发出暖黄灯光的家吧。

奶奶放了被子从楼上下来。

她没有马上离开学校，这个时候弟弟上幼儿园去了，奶奶有一段空闲的时间。她四处瞧了瞧，最后，走到我旁边，像聊家常，又像表白什么：

"早两天周莹熙妈妈打电话给杨紫婷妈妈（两个学生的爸爸妈妈都在长沙打工），说周莹熙在学校受了惊吓，不寄宿了。"

"她要我们家杨紫婷也别寄宿了。"

"我叫她别信。学校这么多人，怎么会吓着？"

"不寄宿怎么办？爷娘（爸妈）都不在屋里，她一回去就守着电视，顽死了，根本讲不通。"

"老师，还请您多费心。"

……

老师，昨晚我没有哭

"老师，昨晚我没哭。"

葛心扬着头，自豪地向我报告。窗外明亮的光线倾落在她剪着短碎发的头上，巴掌大的小脸眉飞色舞，流露出几分自豪的神色。

开学的时候，爸爸和爷爷一块儿陪着葛心来报名。

爸爸想让女儿读寄宿，但是又担心她适应不了。他问：可不可以试一个月看看情况？

我说不建议"试试看"，读寄宿还是不读寄宿，两者选定其一，并跟他分析了原因。爷爷在一边听着，强烈主张：

"读寄宿要得！读寄宿要得！一回来就看电视，眼睛都要贴到电视机上了，讲也讲不通。"

爸爸朝老师尴尬地笑，带些许无可奈何。

女儿年纪还小，家里离学校又近，小孩沿公路一路飞跑，不过三五分钟，如果条件允许，自然是让她在家住。不过，小夫妻俩长年累月地在外边工作，眼看孩子一天大似一天，爷爷奶奶管教起来困难，不说老父老母劳心费力，让女儿这样顽劣下去也是不行的。

当天惊蛰，春雷始发。落地灯暖黄的灯光下，窗外暴雨如注，雷声阵阵。打开微信，有葛心妈妈的留言：

葛心第一天寄宿，她表现怎样？

葛心妈妈在广州一家医院做护士，春节只在家待了短短几天。爸爸正在跳槽中，所以在家逗留的时候稍长。不过，给女儿、儿子一报完名，他也动身出去了。毕竟，在外面工作，竞争是大的。

是啊，这样风雨交加的夜晚。

一个八岁的女孩第一次离开家、离开熟悉的环境，没有父母亲人的陪伴，置身陌生的寝室、躺在陌生的床上，听雷声滚滚，不知道会不会惊惧、会不会害怕。

教学楼和宿舍楼中间是一块露天的水泥坪，厕所又在校园的西北角。晚上，宿舍楼前一排挺立的树木在惨白路灯下投下婆娑身影，孩子往来于教室、寝室、厕所之间，须得冒着惊雷、狂风、骤雨行走在莫测的夜色中。

老师们也不大情愿在学校值晚班。撇开家庭需要照顾的原因，那穿不透黑夜的凄清路灯，在雨帘中晕染出的是叫人倍感凄凉的孤寂。

雨下了一夜，终于歇了。

早上，空气分外清新。在叶间花蕊滚动的雨珠晶莹剔透，地面洁净，如同刚在清河水中洗濯过的女子的玉足，不时有几声婉转悦耳的鸟鸣在润泽明朗的天空响起，清清脆脆，叫人心弦颤动，四处张望，却寻不见那娇小玲珑的鸟的身影。

葛心爷爷从校园出来，穿过田埂，踏着沾满雨水的嫩草地，抄近路回家了。爷爷年纪大了，满脸皱纹，眼睑下垂，不过精神劲很好，除了作田种菜，他总不忘自己的老本行，忙里偷闲跑到石蹬子（镇上）做点不需要铺面的小本生意。

葛心调皮，爷爷经常大声呵斥孙女，但终究是嘴硬心慈罢了。昨夜大雨倾盆，加之电闪雷鸣，在外面工作的爸爸妈妈忧心，爷爷也挂念了一宿。天刚亮，爷爷起了床，未及吃早饭，也未等到送小孙子上幼儿班时顺个路，便提了一袋糖果先来看看孙女。

一切都好。爷爷悬着的心，安稳了。

葛心很兴奋。昨晚第一天在学校寄宿，她没有害怕，没有想家，没有哭，她完成了在学校独立生活应该做的所有事情，并且，她把所有的家庭作业都写完了。和同学们一起回到寝室，刚一钻进温暖的被窝，她就舒舒服服睡着了。

要知道，在班上，她爱哭是出了名的。

我一走进教室，她就跑过来与我分享她的自豪："老师，昨晚我没有哭。"

我赞许地摸摸葛心的小脑袋。女孩儿很开心，脸红扑扑的，眼里的光亮一闪一闪，如夏夜星光。

后记

我在教育岗位上，已23年。

这23年，一直在农村，教育的第一线。

我的出生与成长、求学，都在城里。所以，当我融入农村，融入成为我生活主要内容的农村学生，我得以持有一种既深入又旁观的视角。

将目光聚焦于留守学生身上，始于十来年前。

那天，我教的一个14岁的初三男生跟我说："以前我想他们，他们不肯回来；现在他们说回来陪我……我已经不需要了。"

他们，指的是他多年来一直在外地打工的父母。

他的神情平静而淡漠，让我感到陌生。他只是在阐述一个事实。

我找不出话语反驳或者安慰他。那些冠冕堂皇的理由相对一个孩子在近十年时间数千个日夜中所承受的孤单、想念、渴求、失落……实在太轻了。

仿佛一颗风中飘落的种子，这句话在我心间的土地不经意地发芽、生长了。那个瞬间，我意识到，对留守学生来说，物质上的贫困并不是他们的全部或最重要的问题；幼年时期情感的缺失，才是他们一生永难痊愈的伤痛。

后来，在朋友们的鼓励下，我开始记录留守学生的生存和生活状态。持续的观察和断续地记录，使我得以潜入这些孩子的内心深处，懂得他们一颦一笑反映出的情感，也使我收获了他们最纯真、最真挚的信赖。

　　如今，文中学前班的小宝贝们读三年级了，文中我从二年级接手当班主任的孩子成了五年级的"哥哥姐姐"。三年级，我没有再担任课程，五年级，我不再是班主任。几年过去，世事变迁，我和这些孩子，都不一样了。回过头来看，我曾经在某个时间点观察过、记录过的孩子，他们在经历，在成长，在变化……这样看来，我当时写的，就孤立了、静止了，其实，许许多多的时间点连缀，将变为一个时间段，孤立的状态也会成为流动的变化——有的孩子父母离婚了，有的孩子亲人去世了，有孩子跟父母去外地读书了，也有孩子插班到这个集体……大人们以为的风清云淡，对孩子来说，或许就是惊涛骇浪，是他们人生最初的故事。

　　我在观察和关注他们的时候，忘记了自己，或者说，我把自己融入了他们，因他们的欢乐而欢乐，因他们的失落而失落……这是一个无比宝贵的过程，我享受把自己消融在学生当中的体验，当关注的视角从小我转移到我的这群留守学生，我体会到了一种真正的幸福。

　　愿我的笔，能够将这些留守学生的生活、情感、经历，以及悲欢的一二呈现给读者。

冯灿梅
2019 年 11 月于湖南湘乡

本书配有智能阅读助手，为您1对1定制

《一天二十年：我与留守学生的二十年》阅读计划

帮助您实现"时间花得少，阅读体验好"的阅读目的

▶ 建议配合二维码一起使用本书 ◀

您可根据自己的学习需求，量身定制专属于您的阅读计划：

阅读服务方案	阅读时长指数	为您提供的资源类型	帮助您达到以下学习目的
1. 高效阅读	每周阅读频次 较低 每次耗费时长 较短 总共耗费时长 ■□□	总结类	帮您快速了解本书内容
2. 轻松阅读	每周阅读频次 较高 每次耗费时长 适中 总共耗费时长 ■■□	基础类	掌握故事中人物的现状
3. 深度阅读	每周阅读频次 较高 每次耗费时长 较长 总共耗费时长 ■■■	拓展类	阅读更多同类延伸作品

针对您选择的阅读服务方案，您会获得以下权益：

立刻获得的主要权益

专享本书社群服务
提供创造价值与私密的深度共读服务
群内分享阅读干货，发起话题探讨

1套阅读工具
辅助您高效阅读本书
终身拥有

每周获得的主要权益

专属热点资讯
16周社科文学类资讯推送
每周2次

精选好书推荐
16周精选文学社科热门好书推荐
每周1次

长期获得的主要权益

▶ **线下读书活动推荐**　　精选活动，扩充知识开拓视野，不少于1次。
▶ **抢兑礼品**　　　　　　不少于2次限时抽奖，免费抽取实物大礼。

微信扫码

根据指引
获取阅读服务
方案

第一步：微信扫描二维码

第二步：关注出版社公众号

第三步：选择您需要的资源或服务，点击获取